Wolfgang Froese
Alexandra Köhler

Lern-aufgaben für den Wochenplan Englisch 5/6

Die Autoren

Wolfgang Froese ist Lehrbeauftragter im Fachbereich Anglistik/Amerikanistik an der Universität Oldenburg. Er war lange Zeit Fachberater für Englisch an Grundschulen und Fachseminarleiter für Englisch am Studienseminar Oldenburg. Er ist Autor zahlreicher fachdidaktischer Publikationen, von Lehrwerken sowie von Lehr- und Lernmaterialien für den Fremdsprachenunterricht.

Alexandra Köhler ist Englischlehrerin im Schuldienst, Fachseminarleiterin am Studienseminar Oldenburg und Lehrbeauftragte für die Praxisphase in den Masterstudiengängen im Fachbereich Anglistik/Amerikanistik an der Universität Oldenburg. Zusammen mit Wolfgang Froese erstellt sie Lehr- und Lernmaterialien und führt Fortbildungen für Englischlehrer durch.

Projektleitung: Gabriele Teubner-Nicolai, Berlin
Redaktion: Nadja Prinz, Köln
Umschlagfoto: © Pakhnyushchyy – Fotolia.com
Umschlaggestaltung: LemmeDESIGN, Berlin
Illustrationen: Antje Kahl, Berlin
Fotos: S. 27: © Avantiaction press – action press; S. 42 von l. nach r.: © Stokkete – Shutterstock, © Jan Becke – Fotolia.com, © M.Rosenwirth – Fotolia.com, © José 16 – Fotolia.com, © ChiccoDodiFC – Fotolia.com, © mma23 – Fotolia.com, © kavalenkau – Shutterstock; S. 45 von l. nach r.: © charlesknoxphoto – Fotolia.com, © daniel SAINTHORANT – Fotolia.com, © Jens Brueggemann aka Ikonoklast – Fotolia.com, © Markomarcello – Fotolia.com, © Dudarev Mikhail – Shutterstock, © José – Fotolia.com, © Alamy – mauritius images; S.52 von l. nach r.: © Jacek Chabraszewski – Fotolia.com, © Ljupco Smokovski – Fotolia.com, © lelloman80 – Fotolia.com, © Riccardo Piccinini – Shutterstock, © Pavel L Photo and Video – Shutterstock, © Vladimir Nikulin – Fotolia.com, © WavebreakmediaMicro – Fotolia.com, © AntonioDiaz – Fotolia.com, © Blend Images – Shutterstock; S. 63 von l. nach r.: © Smileus – Fotolia.com, © Dariusz T. Oczkowicz – Fotolia.com, © Boggy – Fotolia.com, © neirfy – Fotolia.com
Layout/technische Umsetzung sowie Programmierung/Umsetzung der CD-Materialien: zweiband.media, Berlin

www.cornelsen.de

1. Auflage 2015

© 2015 Cornelsen Schulverlag GmbH, Berlin

Das Werk und seine Teile sind urheberrechtlich geschützt.
Jede Nutzung in anderen als den gesetzlich zugelassenen Fällen bedarf
der vorherigen schriftlichen Einwilligung des Verlages.
Hinweis zu den §§ 46, 52a UrhG: Weder das Werk noch seine Teile dürfen ohne eine
solche Einwilligung eingescannt und in ein Netzwerk eingestellt oder sonst öffentlich
zugänglich gemacht werden.
Dies gilt auch für Intranets von Schulen und sonstigen Bildungseinrichtungen.

Druck: DBM Druckhaus Berlin-Mitte GmbH

ISBN 978-3-589-15700-6

Inhalt

Vorwort: Lernaufgaben in der Sekundarstufe I – Lernaufgaben im Englischunterricht 4

1 All about your birthday 6

2 My home 14

3 Free time activities 22

4 My school 31

5 My best holiday trip 39

6 Money Money Money 48

7 My ways of living 56

8 Animals and pets 64

9 My home town 74

10 Casting shows 82

Evaluationsbogen für Lehrer 92

Language support 93

Vorwort: Lernaufgaben in der Sekundarstufe I

LERNAUFGABEN UND „GUTE" AUFGABEN

Die Lernaufgaben für den Wochenplan in der Sekundarstufe I bauen auf dem Konzept der Wochenplanarbeit mit „guten Aufgaben" in der Grundschule auf.[1] Lernaufgaben erfüllen ähnlich wie „gute Aufgaben" folgende didaktische Kriterien:

- Kompetenz- und Zielorientierung
- differenzierende und individualisierende Aufgabenstellungen
- inklusionsgeeignet
- Schülerorientierung
- Förderung des kooperativen Lernens
- Handlungsorientierung
- Bewältigung einer realitätsnahen Situation
- Inhaltsorientierung
- Unterschiedliche Erarbeitungs- und Präsentationsmöglichkeiten
- Möglichkeiten zur Selbst- oder Partnerkontrolle
- Evaluation des eigenen Lernprozesses[2]

ZIELSETZUNG DER LERNAUFGABEN

Lernaufgaben zielen darauf ab, selbstständiges Lernen bei den Schülerinnen und Schülern[3] in Gang zu setzen und ihnen die Möglichkeit zu bieten, eigenes vorhandenes Wissen mit neuem zu verknüpfen. Bei Lernaufgaben im Englischunterricht spielt der Schüler keine vorgegebene Rolle wie im herkömmlichen Unterricht, sondern agiert immer als er selbst und übernimmt dabei Verantwortung für sein eigenes Handeln. Die Aufgaben sind so gestellt, dass jeder Schüler im Rahmen seiner eigenen Fähigkeiten, Interessen und seines Vorwissens auf individuelle Weise diese Aufgaben bewältigen kann. Durch partnerschaftliches und kooperatives Arbeiten erhält der Schüler auch gleichzeitig eine indirekte Rückmeldung zu seinem Lernprozess. Die Reflexion des eigenen Lernprozesses erfolgt nach Beendigung der Lernaufgabe in einem abschließenden Selbsteinschätzungsbogen.

WOCHENPLANARBEIT

Im Gegensatz zum Frontalunterricht ist das Grundprinzip der Arbeit mit Wochenplänen wie bei Lernaufgaben eine offene Unterrichtsgestaltung, die den Schülern selbstständiges und selbsttätiges Lernen ermöglichen soll. Die vorliegenden Aufgaben können im Rahmen eines fächerübergreifenden Wochenplans, aber auch im Fachunterricht bearbeitet werden. Die Wochenplanarbeit kann sich dabei auch mit anderen Unterrichtsformen abwechseln.

LEHRERROLLE

Die Lehrkraft stellt die Arbeitsmaterialien bereit und gibt Hilfestellung bei der Bearbeitung der Materialien. Die Lernergebnisse können in einem Evaluationsbogen festgehalten werden.

---

[1] vgl. Froese, W., Köhler, A. (2014): Gute Aufgaben für den Wochenplan Englisch 1 – 4, Berlin: Cornelsen
[2] siehe hierzu auch: Froese, W., Köhler, A. (2014): Referendariat Englisch, Berlin: Cornelsen
[3] aus Gründen der Vereinfachung im Folgenden „Schüler" genannt

Lernaufgaben im Englischunterricht

Die zunehmende Heterogenität der Schüler im Englischunterricht bereitet mittlerweile den Lehrkräften aller Schulformen Probleme. Schüler kommen mit recht unterschiedlichen Vorkenntnissen aus den Grundschulen und entwickeln sich im Verlauf des 5. Schuljahres in allen Kompetenzbereichen keineswegs auf die gleiche Weise. Um den verschiedenen Fähigkeiten möglichst vieler Schüler gerecht zu werden, ist eine Individualisierung des Lernens erforderlich.

Neben kooperativen Arbeitsformen und offenen Aufgaben mit dem Ziel der didaktischen Differenzierung bieten insbesondere Lernaufgaben für selbstständiges Lernen eine ausgezeichnete Möglichkeit, die Schüler individuell zu fördern und zu fordern.

Diese Aufgaben können im Rahmen einer Wochenplanarbeit, aber auch im herkömmlichen Unterricht je nach zeitlicher Verfügbarkeit als Zusatzmaterial eingesetzt werden, wodurch sich Möglichkeiten der Differenzierung und Individualisierung ergeben. Alle Aufgaben sind kompetenz- und lernzielorientiert, basieren auf Kerncurricula und Lehrplänen der einzelnen Bundesländer und entsprechen schulinternen Stoffverteilungsplänen. Der Vorteil der Arbeit mit dem Wochenplan oder, bei Freiarbeit, mit einer Lerntheke ist, dass die Schüler im Gegensatz zum stark gelenkten Klassenunterricht (Frontalunterricht, Partnerarbeit, Gruppenarbeit) selbst bestimmen können, welche Aufgaben sie zu welchem Zeitpunkt bearbeiten wollen.

Aufbau der Aufgaben

Für jedes Thema stehen in diesem Heft Kopiervorlagen mit Aufgaben zur Verfügung. Die Schüler können aus einem Pool von Aufgaben auswählen, die nicht der Reihe nach abgearbeitet werden müssen. Alle Aufgaben führen zu einer abschließenden *task* (Lernaufgabe), die von allen Schülern bearbeitet werden muss. Die *task* lässt eine offene Bearbeitungsweise zu, bei der die Schüler ihre individuellen Fähigkeiten einbringen und eigene Schwerpunkte setzen können. Am Ende steht ein Selbsteinschätzungsbogen für Schüler, mit dem der individuelle Lernfortschritt dokumentiert werden kann. Die Bögen sind hier nicht abgedruckt, sondern stehen auf www.scook.de und können dort heruntergeladen und ausgedruckt werden. Ein entsprechendes Symbol in den Lehrerhinweisen hilft bei der Orientierung.

Zu jedem Thema gibt es einen didaktisch-methodischen Kommentar mit Kompetenzbeschreibungen. Die Art der Aufgabenstellungen ermöglicht es, auch Schüler mit Förderschwerpunkten (Inklusion) in die Arbeit mit einzubeziehen. Den Lehrkräften steht zudem eine Liste mit den jeweils wichtigsten Vokabeln zur Verfügung. Der gesammelte Wortschatz aller Lernaufgaben ist als *language support* für den Schüler am Ende des Buches abgedruckt. Dieselbe Liste findet sich auch auf scook, dort jedoch zum Ausdrucken als Einzelseiten pro Lerneinheit.

Arbeitsverfahren

Die Arbeit mit dem Wochenplan oder der Lerntheke ist zwar individuell ausgerichtet, basiert aber nicht nur auf Einzelarbeit. Die kommunikative Zielsetzung des Englischunterrichts macht es zwingend notwendig, für einzelne Arbeitsschritte auch Partnerarbeit oder kooperative Lernformen einzusetzen. Im Sinne des selbstgesteuerten Lernens sollten die Schüler versuchen, passende Partner zur Bewältigung kommunikativer Aufgaben zu finden. Bei möglicherweise auftretenden Organisationsproblemen sollte die Lehrkraft ggf. helfend eingreifen.

Entwicklung eines individuellen Lernwortschatzes

Am Anfang jeder Lerneinheit steht eine Mindmap, in die die Schüler alle Wörter eintragen, die ihnen zu dem jeweiligen Thema einfallen. Anschließend tauschen sie sich mit einem Partner oder einer Gruppe aus und ergänzen Wörter, die sie für wichtig halten. Am Ende der Lerneinheit besteht noch einmal die Möglichkeit, weitere Wörter, die im Verlauf der Arbeit an dem jeweiligen Thema aufgetaucht sind, zu ergänzen.

Überprüfung des Lernerfolges

Die Lernaufgaben sind überwiegend so gestaltet, dass die Schüler zu individuellen Ergebnissen gelangen. In Einzelfällen werden Lösungsmöglichkeiten in den Lernhinweisen zur Verfügung gestellt.

Bei den Lernaufgaben mit individuellen Lösungsmöglichkeiten bieten sich neben einer Auswertung im Plenum durch Gespräch oder Präsentationen auch kooperative Arbeitsverfahren an.

Zur Stärkung der Lernerautonomie schätzen die Schüler ihre Lernfortschritte am Ende einer jeden Lerneinheit mit Hilfe eines kompetenzorientierten Evaluationsbogens selbst ein. Darüber hinaus steht auch der Lehrkraft hinten im Heft ein Evaluationsbogen zur Beurteilung der Schülerkompetenz zur Verfügung.

1 All about your birthday

Lehrerhinweise

Aufgabenschwerpunkt:
- Geburtstagswünsche äußern (Geschenke)
- eine Einladung schreiben
- eine Geburtstagsparty planen

Einsatzort:
5. Schuljahr

Kommunikative Kompetenzen:
Die Schülerinnen und Schüler können …

Hör-und Hör-Sehverstehen
- Geburtstagswünsche verstehen.

Leseverstehen
- den Wortschatz zum Sachfeld *birthday party* verstehen.
- eine Geburtstagseinladung verstehen.

Sprechen
- einen Partner zu seinen Geburtstagswünschen befragen.
- ihre Ergebnisse zur Planung einer Geburtstagsparty präsentieren.

Schreiben
- eine Einkaufsliste schreiben.
- eine Einladungskarte schreiben.
- ein Bild von einem Geburtstagstisch beschreiben.
- Fragen zu Geburtstagswünschen beantworten.

Zeitlicher Umfang:
2–3 Unterrichtsstunden

Didaktisch-methodischer Kommentar:
Schwerpunkt dieser Aufgaben ist die Planung einer Geburtstagsfeier.

Zur Reaktivierung von bekanntem Wortschatz tragen die Schüler alle Wörter, die ihnen zu dem Stichwort *birthday* einfallen, in eine Mindmap ein (**KV1**). Die anschließende Partner- oder Gruppenarbeit bietet ihnen die Möglichkeit, weiteren Wortschatz zu ergänzen.

In der **KV 2** beschreiben die Schüler zunächst einen Geburtstagstisch und notieren weitere Geschenke. Danach schreiben sie mögliche Geschenke für ihre Klassenkameraden in eine Tabelle.

Bei der **KV 3** beantworten die Schüler Fragen zu einer Tabelle mit Geburtstagswünschen und schreiben ihre eigenen Wünsche auf. Sie befragen anschließend ihre Mitschüler zu deren Geburtstagswünschen und notieren diese.

Die Auswertung der Ergebnisse kann mit einem Partner oder im Plenum erfolgen.
Beim Verfassen einer eigenen Einladung (**KV 4**) ist es wichtig, dass die Schüler sich zunächst mit der Einladungskarte von Emma auseinandersetzen und die wesentlichen Informationen (Ort, Zeit und Adresse) unterstreichen. Nach einer kurzen Auswertung im Plenum schreiben die Schüler eine eigene Einladungskarte. Für schwächere Schüler steht die **KV 5** zur Verfügung, bei der sie nur Ort, Zeit und Adresse einfügen müssen.

In der **KV 6** kreuzen die Schüler zunächst an, was sie für ihre Geburtstagsparty brauchen. Danach erstellen sie eine eigene Liste mit Speisen und Getränken und vergleichen diese mit ihrem Partner.

Die *task* (**KV 7**) dient dazu, das bisher Gelernte aus den Übungen zuvor mündlich und schriftlich anzuwenden. Hier sollen die Schüler mit einem Partner oder einer Kleingruppe zusammenarbeiten, um sich gegenseitig zu unterstützen. Die Schüler planen gemeinsam eine Geburtstagsparty und halten ihre Ergebnisse auf einem Poster fest. Die Lehrkraft sollte bei der Aufgabenstellung betonen, dass die Fragen in der Hilfebox nur Leitfragen sind, an denen sich die Schüler orientieren können. Es ist ihnen freigestellt, auch eigene Planungsgedanken einzubringen. Zur Gestaltung der Poster können die Schüler selbst zeichnen oder Bilder aus Zeitschriften verwenden. Die Poster können auch auf einem PC oder iPad erstellt werden.

 Beim Selbsteinschätzungsbogen (**KV 8**) setzen sich die Schüler mit ihrem eigenen Lernzuwachs auseinander.

Wortschatz: present, cake, horse ranch, perfume, mobile phone, computer game, wish, invitation, tent, candle, strawberries, cookies, flowers, toys, barbecue, sleepover, take place, invite, fancy dress

Name: _____ Datum: _____

Mind map "birthday"

1. 👤 *Write down all the words that have something to do with the word "birthday".*

2. 👤 *You can make extra mind maps with the words "birthday wishes", "birthday presents" or "birthday party".*

3. 👥+ *Compare your mind map with a partner or a group.
You can write more words if you want to.*

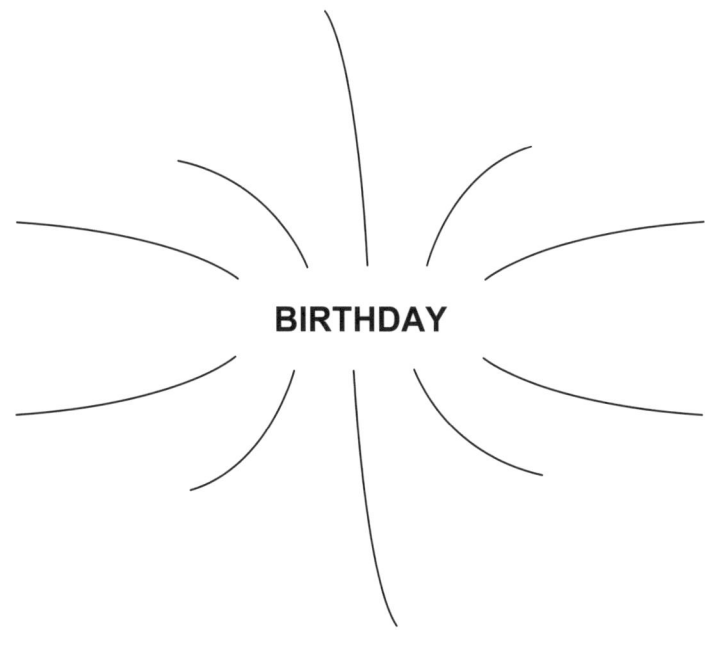

Name: _____   Datum: _____

Presents

1. 👤 *Take a look at the picture. What can you see? Write it down.*

_____
_____
_____

2. 👤 *What other presents can you think of?* Schreibe auf, welche Geschenke dir noch einfallen.

_____
_____

3. 👤 *Think about a birthday present for your classmates or friends.* Denke dir ein Geburtstagsgeschenk für deine Klassenkameraden/Freunde aus.

Name:				
Present:				

KV 2

Name: _____ Datum: _____

Birthday wishes

1. *Take a look at the birthday wishes from Steve, Stephanie, Ben and Emma.*

	Steve	**Stephanie**	**Ben**	**Emma**
1st wish	an iPad	a weekend on a horse ranch	a mobile phone	clothes
2nd wish	a Blu-ray player	a computer game	football shoes	perfume
3rd wish	a book	a CD	a T-shirt	a book
4th wish	sweets	a cake	a CD	sweets

a) *Who has the same birthday wishes?* Schreibe auf, wer die gleichen Geburtstagswünsche hat (Name und Wunsch).

	Name	Name	Name
Wishes			

b) *What do you think is the most expensive wish?* Schreibe auf, was der teuerste Geburtstagswunsch sein und wie viel er kosten könnte.

_____

_____

c) *Choose one thing you would like to have, too.* Such dir eine Sache aus der Tabelle aus, die du auch gern hättest.

_____

2. *Write down three birthday presents you would like to have for your birthday. Then ask your partner.*

My birthday wishes	My partner's birthday wishes

Name: _____ Datum: _____

Writing an invitation

1. *Read Emma's invitation. What information do you get there?*

Dear friends,

I would like to invite you to my birthday party at my house on Saturday at 3.00.

My address is:

Emma Dawson
21 Park Road

I'm looking forward to seeing you!

Emma

2. *Write your own birthday invitation.*

3. *Read it out to a partner.*

Cornelsen

KV 4

Name: _____ Datum: _____

Writing an invitation

1. *Read Emma's invitation. What information do you get there?*

Dear friends,

I would like to invite you to my birthday party at my house on Saturday at 3.00.

My address is:
Emma Dawson
21 Park Road

I'm looking forward to seeing you!
Emma

2. *Write your own birthday invitation.*

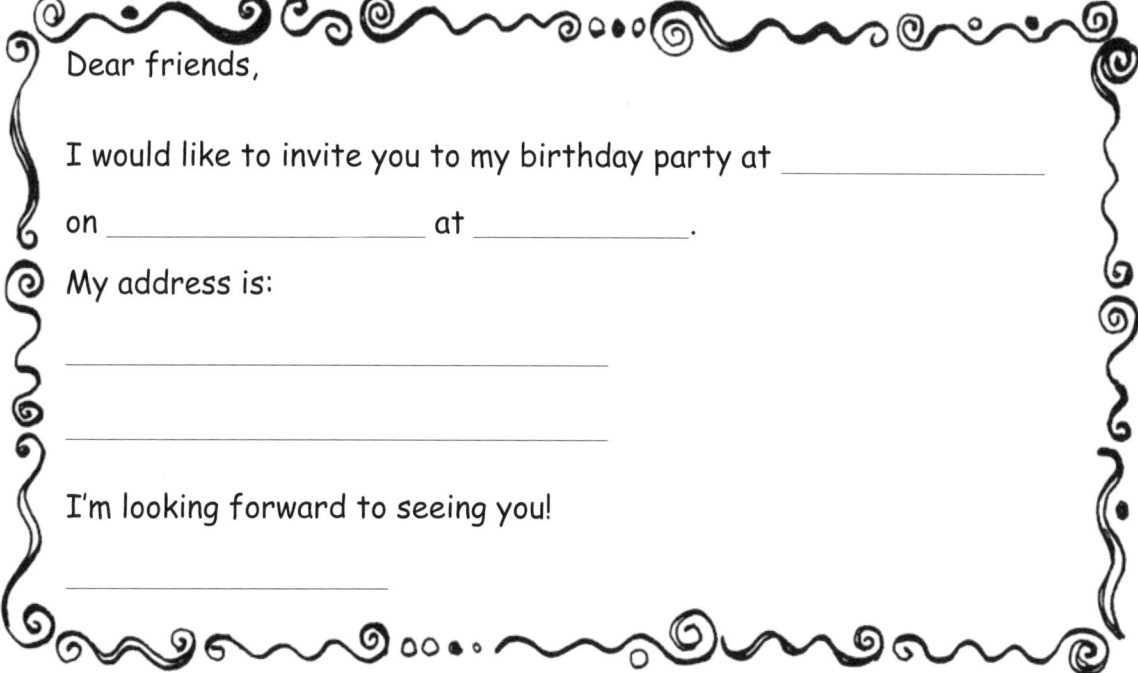

Dear friends,

I would like to invite you to my birthday party at _____

on _____ at _____.

My address is:

_____

_____

I'm looking forward to seeing you!

_____

3. *Read it out to a partner.*

KV 5

11

Name: _____ Datum: _____

Things you need for a birthday party

1. 👤 *You want to plan a birthday party. What do you need? Tick ✓ the right words.*

food	drinks	music
invitation card	DVDs	videos
computer games	barbecue	flowers
balloons	pets	toys
football	TV	grandparents
presents	dress	magazines
crisps	candles	chocolate
biscuits	lemonade	sandwiches
coke	milk	CDs
orange juice	ice tea	salad
ice cream	bananas	strawberries
cheese	cake	cookies
karaoke (singstar)	tent	pizza

2. 👤 *What food and drinks do you need for your party? Make a shopping list.*

```
List of food and drinks
- _____
- _____
- _____
- _____
- _____
```

3. 👥 *Compare your list with a partner.*

KV 6

12

Name: _____ Datum: _____

Planning your own birthday party

1. 👥+ *Get together with a partner or a group of three or four and plan your own birthday party.*

2. *Make a list of all the things that are important for your party. If you need help, take a look at the questions in the help box.*

3. *Use your list and make a nice poster for your party.*

4. *Present your poster to the class.*

What kind of party (sleepover, disco, fancy dress, barbecue, games, sport, adventure)
Decoration (balloons, flowers, candles …)?

Where is your party (house, flat, garden, park, playground, McDonald's, zoo, bowling centre, …)?

Food and drinks?

Music (groups, singers, song titles)?

What friends do you invite?

When is your party?

KV 7

2 My home

Lehrerhinweise

Aufgabenschwerpunkt:
- das eigene Zimmer beschreiben
- einen kurzen Text über die Familie schreiben

Einsatzort:
5. Schuljahr

Kommunikative Kompetenzen:
Die Schülerinnen und Schüler können …

Hör- und Hör-Sehverstehen
- die Beschreibungen ihrer Klassenkameraden zu ihrem Zimmer hörend verstehen.

Leseverstehen
- den Wortschatz zu den Themen *my room* und *my family* verstehen.

Sprechen
- ihr Zimmer einem Klassenkameraden mündlich beschreiben.
- ihre Klassenkameraden zu ihrer Familie befragen.
- ihr Traumzimmer vor der Klasse präsentieren.

Schreiben
- ihr Zimmer beschreiben.
- einen kurzen Text über ihre Familie schreiben.
- Informationen über einen Klassenkameraden notieren.
- die Möbel eines Hauses benennen.

Zeitlicher Umfang:
2–3 Unterrichtsstunden

Didaktisch-methodischer Kommentar:
Der Schwerpunkt dieser Lernaufgaben liegt auf der Beschreibung des eigenen Zuhauses und der Familie.

Zur Reaktivierung von bekanntem Wortschatz tragen die Schüler alle Wörter, die ihnen zu dem Stichwort *my home* einfallen, in eine Mindmap ein (**KV 9**). Die anschließende Partner- oder Gruppenarbeit bietet ihnen die Möglichkeit, weiteren Wortschatz zu ergänzen.

Bei der **KV 10** kreuzen die Schüler zunächst an, welche der Dinge sich in ihrem Zimmer befinden. Anschließend zeichnen sie ihr Zimmer und schreiben in ganzen Sätzen auf, was sich in ihrem Zimmer befindet. Leistungsstärkere Schüler können mehr Sätze aufschreiben und mithilfe von Präpositionen die Einrichtung genauestens beschreiben.

Die Zeichnung dient als Grundlage für die anschließende Partnerarbeit (**KV 11**). Partner A erklärt Partner B, was für Gegenstände sich in seinem Zimmer befinden. Leistungsschwächere Schüler haben die Möglichkeit, die Gegenstände lediglich aufzuzeichnen, während leistungsstärkere Schüler die genaue Lage aufzeichnen können. Danach werden die Rollen getauscht.

Die **KV 12** setzt sich mit dem Thema *family* auseinander. Nachdem die Schüler ihre Familienmitglieder eingekreist haben, schreiben sie 4–5 Sätze über ihre Familie. Dabei können sie sich am Beispieltext orientieren. Bei der 3. Aufgabe interviewen die Schüler einen Mitschüler und tragen die Informationen ein.

Anstelle eines herkömmlichen Familienstammbaumes erstellen die Schüler bei der **KV 13** einen witzigen Stammbaum, bei dem sie sich bekannte Persönlichkeiten als Verwandte eintragen. Schnellere Schüler beschreiben ihren Stammbaum mit ganzen Sätzen. Hinterher werden die Stammbäume vor der Klasse mündlich präsentiert.

Bei der **KV 14** beschreiben die Schüler die Gegenstände des Hauses zuerst mündlich und notieren diese dann auf der Liste. Dann malen sie die Gegenstände bunt an. Sie spielen mit einem Partner das Spiel „Ich sehe was, was du nicht siehst". Ein Partner fängt an. Er sucht sich einen Gegenstand im Bild aus und beschreibt diesen, ohne den Namen zu nennen. Der Mitschüler soll erraten, um welchen Gegenstand es sich handeln könnte.

Bei der *task* (**KV 15**) gestalten die Schüler ihr Traumzimmer als Collage. Dabei können sie zeichnen oder Gegenstände aus einer Zeitschrift ausschneiden. Sie können sich auch unwirkliche Sachen ausdenken.

 Beim Selbsteinschätzungsbogen (**KV 16**) setzen sich die Schüler mit ihrem eigenen Lernzuwachs auseinander.

Wortschatz: room, stepmother, uncle, aunt, cousin, family tree

Name: ______________________ Datum: ______________________

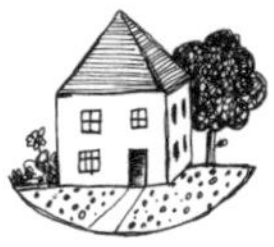

Mind map "my home"

1. *Write down all the words that have something to do with the word "my home".*

2. *You can make extra mind maps with the words "my room" or "my family".*

3. + *Compare your mind map with a partner or a group.*
   You can write more words if you want to.

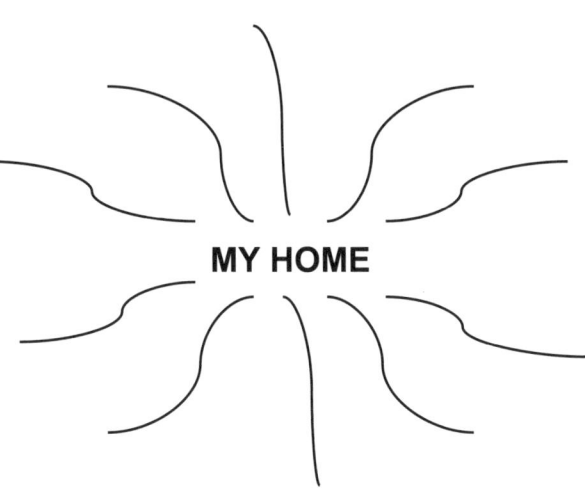

Name: _____ Datum: _____

My room

1. *Tick ✓ what's in your room.*

TV	playstation	poster	wardrobe	sofa	bed	desk	chair	books

2. *Draw your room and the things in it.*

In my room there is a ...

There are ...

3. *Write sentences about your room.*

_____

_____

_____

_____

Name: _____ Datum: _____

My room

1. *Tell your partner what's in your room. He draws it.*

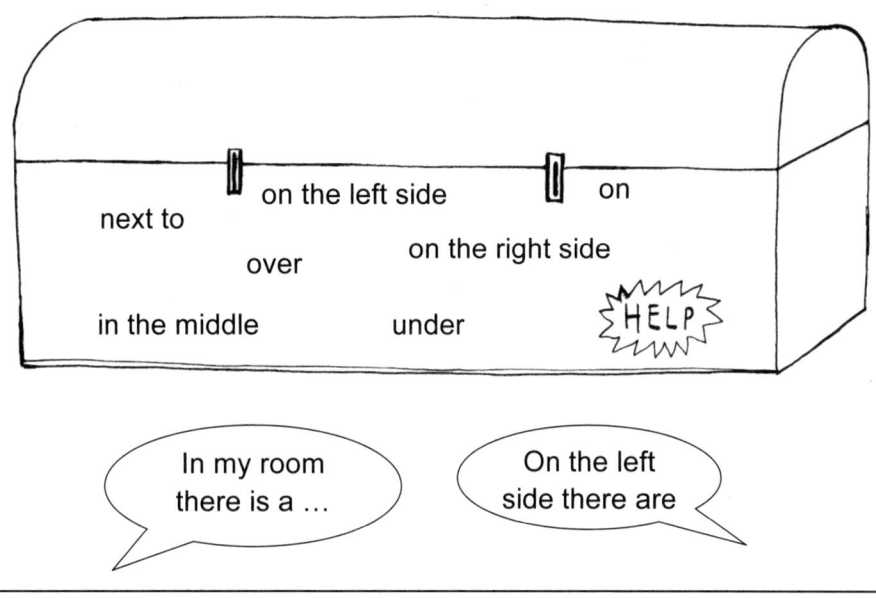

2. *Compare and change the roles.*

KV 11

17

Name: _____ Datum: _____

My family

1. *Circle who belongs to your family.*

   father   mother   dog   cat   hamster   grandma
   grandad   sister   brother   cousin   uncle   aunt
   stepdad   stepmother   stepsister   stepbrother

2. *Write 4–5 sentences about your family.*

   _____
   _____
   _____
   _____
   _____

3. *Interview a classmate about his family. Complete the information card.*

   Name: _____

   Lives in: _____

   Names of the parents: _____

   Sisters: _____   Brothers: _____

   Pets: _____

   Where does your family live?
   How many brothers or sisters do you have?
   What pets do you have?   HELP

KV 12

18

Name: _____ Datum: _____

My crazy family tree

1. *Look at the funny family tree.*

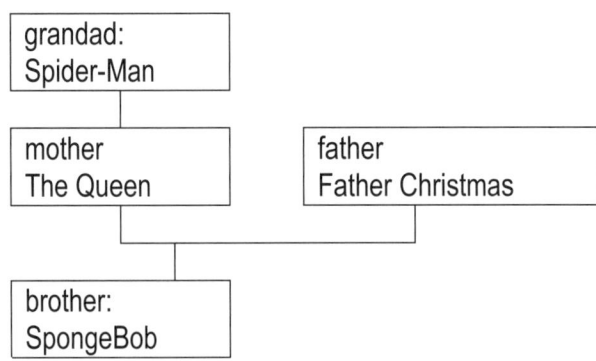

2. *Make your funny family tree.*

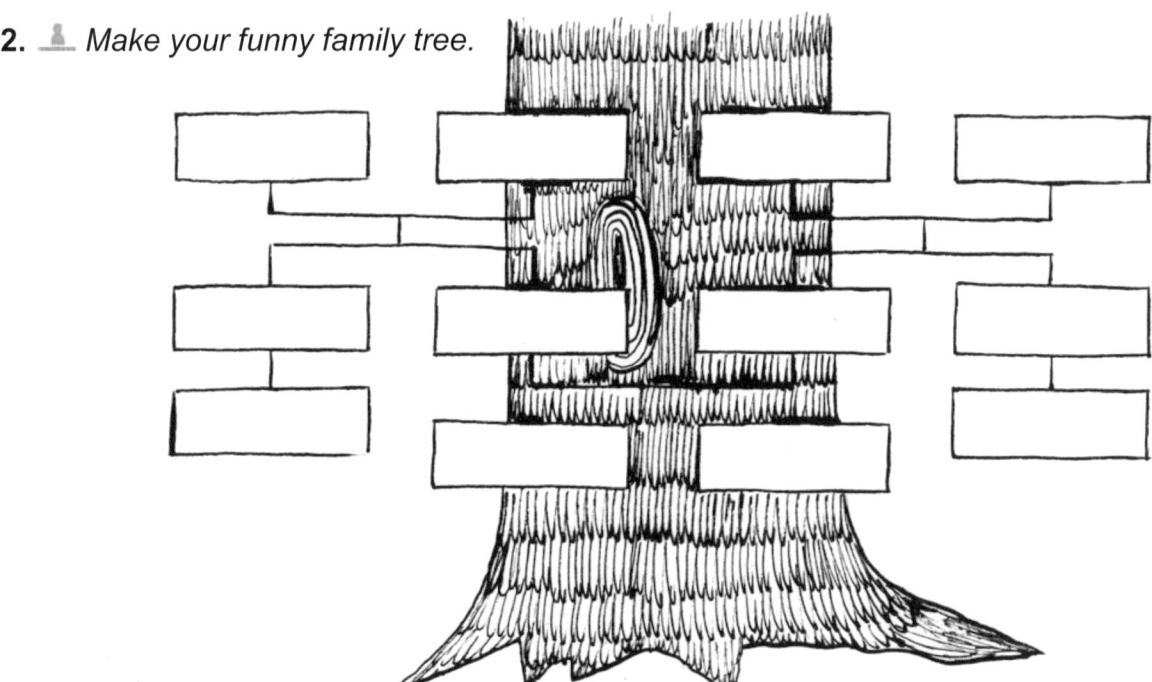

* Extra: *Write sentences about your family tree.*
My mum is … / My grandparents are …

_____
_____
_____
_____

3. *Present it to your class.*

KV 13

Name: _____ Datum: _____

My flat/house

1. *Talk to a partner. What can you see? Write it down.*

_____
_____
_____
_____
_____
_____
_____
_____
_____
_____
_____
_____
_____
_____
_____

2. *Colour your house and play a game (I spy with my little eye ...) with your partner.*
Male dein Haus an und spiele das Spiel „Ich sehe was, was du nicht siehst" mit deinem Partner.

I spy with my little eye a thing that is in the kitchen ...

Is it a book?

KV 14

20

Name: _____ Datum: _____

Task: My dream room

1. *Make a collage about your dream room. You can draw or glue things from a magazine.* Fertige eine Collage zu deinem Traumzimmer an. Du kannst dir auch witzige Sachen ausdenken.

My dream room

KV 15

21

3 Free time activities

Lehrerhinweise

Aufgabenschwerpunkt:
- Freizeitaktivitäten nennen und beschreiben
- einen Steckbrief schreiben
- eine Aktivität für den Klassenausflug planen

Einsatzort:
5. Schuljahr

Kommunikative Kompetenzen:
Die Schülerinnen und Schüler können …

Hör-und Hör-Sehverstehen
- die Antworten ihrer Klassenkameraden zu ihren Musikrichtungen hörend verstehen

Leseverstehen
- den Wortschatz zum Thema *free time activities* verstehen.
- einen Wochenkalender und einen Steckbrief lesend verstehen.

Sprechen
- ihre Klassenkameraden zu ihren Aktivitäten befragen und sich mit einer Gruppe über diese unterhalten.
- einen Kurzvortrag über ihre Lieblingsaktivität halten.
- ihre Ergebnisse zur Planung einer Aktivität präsentieren.

Schreiben
- einen Blog über ihre Wochenaktivitäten schriftlich verfassen.
- Aktivitäten aufschreiben und beschreiben.
- einen Steckbrief über einen Sportler schreiben.
- Fragen zu ihren Hobbys beantworten.

Zeitlicher Umfang:
4–5 Unterrichtsstunden

Didaktisch-methodischer Kommentar:
Schwerpunkt dieser Lernaufgabe ist die Vorstellung einer Aktivität für einen Klassenausflug. Das könnte ein Fußballspiel, Schlittschuhlaufen, ein Disco-Besuch etc. sein.

Zur Reaktivierung von bekanntem Wortschatz tragen die Schüler alle Wörter, die ihnen zu dem Stichwort *free time activities* einfallen, in eine Mindmap ein (**KV 17**). Die anschließende Partner- oder Gruppenarbeit bietet ihnen die Möglichkeit, weiteren Wortschatz zu ergänzen.

Bei der **KV 18** zählen die Schüler zunächst ihre Hobbys auf. Dann befassen sie sich mit einem Wochenüberblick von Adams Aktivitäten in der Woche. Dieser dient als Grundlage, um einen eigenen Terminkalender anzufertigen. Die Gestaltung ist den Schülern freigestellt.

Die **KV 19** bietet den Schülern die Möglichkeit, den Wortschatz zum Thema *activities* zu festigen. Hier schreiben die Schüler Aktivitäten auf die Kärtchen und stellen diese anschließend pantomimisch dar. Die anderen Schüler müssen raten, um welche Tätigkeit es sich handelt. Das Spiel kann auch im Plenum gespielt werden.

Die **KV 20** stellt den Sport in den Vordergrund. Wenn einzelne Schüler keine Sportart mögen, können sie die Frage nach einer Sportart, die sie mögen, auch auslassen. Für die Erstellung eines eigenen Steckbriefes können sich die Schüler an den Kategorien des Steckbriefes von Thomas Müller orientieren. Sie haben ebenso die Möglichkeit, sich ganz andere Kategorien auszudenken und können je nach Leistung beliebig viele erwähnen. Hier bietet sich eine Internetrecherche über den jeweiligen Sportler an.

Bei der **KV 21** schreiben die Schüler ihre Lieblingsaktivität auf. Danach schreiben sie einen kurzen Text über die Aktivität und können sich hierbei an dem Beispiel orientieren. Leistungsstärkere Schüler können längere Sätze schreiben, während leistungsschwächere Schüler weniger Sätze oder sogar nur Stichpunkte aufschreiben. Bevor sie ihren Text präsentieren, begeben die Schüler sich auf die Suche nach Mitschülern, die dieselbe Aktivität mögen und schreiben ihre Namen auf. Hier besteht die Möglichkeit, dass sich leistungsstärkere Schüler über ihre Aktivität unterhalten und sich auf einen gemeinsamen Text einigen, den sie vor der Klasse präsentieren. Die anschließende Präsentation kann im Plenum stattfinden oder die Schüler gehen im Klassenraum umher und erzählen sich gegenseitig etwas über ihre Lieblingsaktivität.

Die **KV 22** setzt sich mit der Freizeitaktivität *listening to music* auseinander. Die Schüler überlegen zuerst für sich alleine, welche Musikrichtung sie gerne mögen, bevor sie ihre Klassenkameraden befragen. Danach erstellen sie eine Top 3 aus den Antworten ihrer Mitschüler.

Bei der *task* (**KV 23**) sollen die Schüler mit einer Kleingruppe zusammenarbeiten und eine gemeinsame Aktivität für ihren Klassenausflug planen.

Die Schüler überlegen sich zunächst in Einzelarbeit eine mögliche Aktivität und stellen dann ihre Vorschläge der Gruppe vor. Nach der Vorstellung einigen sie sich auf eine der Aktivitäten und schreiben auf, was sie daran mögen. Im Anschluss an die Präsentation kann über die Aktivität abgestimmt werden. Eine reale Umsetzung des Vorschlages wäre wünschenswert.

 Beim Selbsteinschätzungsbogen (**KV 24**) setzen sich die Schüler mit ihrem eigenen Lernzuwachs auseinander.

Wortschatz: riding a horse, playing football, chilling (out), playing computer games, playing basketball, listening to music, meeting my friends, playing the drums, going shopping, profile, activity

Name: _____ Datum: _____

Mind map "free time activities"

1. *Write down all the words that have something to do with "free time activities".*

2. *You can make extra mind maps with the words "sports" or "music".*

3. *Compare your mind map with a partner or a group.
   You can write more words if you want to.*

KV 17

24

Name: _____ Datum: _____

My hobbies

> riding a horse – playing football – swimming –
> chilling out – playing computer games – playing basketball –
> listening to music – meeting my friends – playing the
> drums – going shopping – dancing

1. *What are your hobbies? Write them down.*

   My hobbies are _____

   _____.

2. *Take a look at the schedule of Adam's week.*

Monday	free
Tuesday	playing basketball
Wednesday	free
Thursday	playing computer games
Friday	playing computer games
Saturday	meeting friends
Sunday	chilling out

3. *What do you think is Adam's favourite activity?*
* **Extra:** Explain why.

   _____

   _____.

4. *Create your own schedule of your week's activities.* Erstelle deinen eigenen Wochenkalender mit deinen Aktivitäten.

KV 18

25

Name: _____ Datum: _____

Activity game

1. *Get together in a group of three or four. Write down activities on the cards, cut them out and mime them.* Schreibt in Gruppenarbeit Aktivitäten auf die Kärtchen. Danach schneidet ihr diese aus und dreht sie um. Der Reihe nach zieht jeder von euch ein Kärtchen und macht die daraufstehende Aktivität vor. Die anderen raten, um was es sich handeln könnte.

Name: _____   Datum: _____

My favourite sport star

1. *What sport do you like?*

   _____

2. *Read the profile of a football player.*

Name:	Thomas Müller
Date of birth:	September 13th, 1989
Place of birth:	Weilheim
Club:	Bayern München
Hobbies:	football, listening to music, going to the cinema
Favourite food:	pasta, bread

3. *Write a profile of your favourite sport star.*

   _____ : _____

   _____ : _____

   _____ : _____

   _____ : _____

   _____ : _____

   _____ : _____

4. *Tell your class about it.*

KV 20

Name: _____ Datum: _____

My favourite activity

1. *What is your favourite activity?*

   My favourite activity is _____.

2. *Write about your favourite activities.* Schreibe etwas über deine Lieblingsaktivitäten. Du kannst dich am Beispiel orientieren oder dir etwas Eigenes ausdenken.

   > My favourite activity is playing the PlayStation.
   > It's fun!
   > I like to play it with my friends.
   > We play it at the weekend.
   > My favourite game is Gran Turismo.

3. *Find someone in your class who likes the same activity as you.* Finde jemanden in deiner Klasse, der die gleiche Aktivität mag wie du. Schreibe die Namen auf.

4. *Present your activity to your class.*

KV 21

28

Name: _____   Datum: _____

Listening to music

1. *Tick ✓ what kind of music you like.*

Love songs	Hip Hop	Rock	Punk	Pop	Electronic	Other: _____

2. *Ask your classmates what kind of music they listen to.* Befrage deine Klassenkameraden, welche Musikrichtung sie gern hören. Trage den Namen des Klassenkameraden und ein Häkchen für die Musikrichtung in die Tabelle ein.

What music do you like? I like ...

Names:	Love songs	Hip Hop	Rock	Punk	Pop	Electronic	Other: _____

3. *Make a Top 3 of your classmates' answers.* Zähle die Häkchen und erstelle eine Top 3.

1. _____
2. _____
3. _____

1. Pop
2. Love songs
3. _____

KV 22

Name: _____ Datum: _____

Task: Planning an activity for your next class trip

1. *Get together in a group of three or four and plan an activity for your next class trip.*

   Think: *Work alone. Take notes what activity (football, dancing, playing singstar, ...) you like to do.*

   Pair: *Compare your results in your group. Agree on the best one and write down what's good about it.*

Our activity is ...

It's ... (great/fun/cool/ ...)

We like ...

You can ...

Vote for our activity!

HELP

   Share: *Present your activity to your class.*

2. *Take a vote in your class.* Stimmt darüber ab, welche Aktivität ihr auf eurem nächsten Klassenausflug durchführen wollt.

KV 23

4 My school

Lehrerhinweise

Aufgabenschwerpunkt:
- die eigene Schule beschreiben
- sich und die Schule vorstellen
- eine Traumschule beschreiben

Einsatzort:
5. Schuljahr

Kommunikative Kompetenzen:
Die Schülerinnen und Schüler können …

Hör-und Hör-Sehverstehen
- die Antworten ihrer Mitschüler zu ihren Lieblingsfächern und ihren Pausenaktivitäten verstehen.

Leseverstehen
- den Wortschatz zum Thema *my school* verstehen.
- Emilys Wegbeschreibung zur Schule und Olivers Stundenplan lesend verstehen.
- die kurzen Texte über Emily und Oliver zur Beschreibung ihrer Schulsituation verstehen.

Sprechen
- ihren Schulweg mündlich beschreiben.
- ihre Klassenkameraden zu ihren Lieblingsfächern und Pausenaktivitäten befragen.

Schreiben
- ihren Schulweg beschreiben.
- die Antworten ihrer Klassenkameraden zu ihren Lieblingsfächern und Pausenaktivitäten schriftlich notieren.
- einen kurzen Text über sich und ihre Schule schreiben.
- eine Tabelle mit Arbeitsgemeinschaften vervollständigen und ein Poster über eine ausgedachte AG erstellen.
- einen kurzen Text zu ihrer Traumschule verfassen.

Zeitlicher Umfang:
2–3 Unterrichtsstunden

Didaktisch-methodischer Kommentar:
Schwerpunkt dieser Aufgaben ist die Auseinandersetzung mit dem Thema *school*.

Zur Reaktivierung von bekanntem Wortschatz tragen die Schüler alle Wörter, die ihnen zu dem Stichwort *my school* einfallen, in eine Mindmap ein (**KV 25**). Die anschließende Partner- oder Gruppenarbeit bietet ihnen die Möglichkeit, weiteren Wortschatz zu ergänzen.

Zunächst lesen die Schüler bei der **KV 26** die Beschreibung von Emilys Schulweg. Beim Lesen zeichnen die Schüler Emilys Schulweg in die Karte ein. Dazu sollten die Satzstrukturen zur Wegbeschreibung bereits bekannt sein. Im Anschluss daran schreiben sie eine Wegbeschreibung ihres eigenen Schulweges auf.

Bei der **KV 27** setzen sich die Schüler mit Olivers *timetable* auseinander und kreisen seine Lieblingsfächer ein. Die Schüler schreiben ihre eigenen Lieblingsfächer auf, bevor sie ihre Mitschüler zu ihren Lieblingsfächern befragen und die Interviews anschließend in einem Partnergespräch auswerten.

Bei *break activities* (**KV 28**) kreuzen die Schüler an, welchen Aktivitäten sie in den Pausen nachgehen. Diese sollen sie verschriftlichen und ihren Partner zu dessen Aktivitäten befragen.

Die **KV 29** geht auf das Schulgebäude und deren Räumlichkeiten ein. Die Schüler treffen durch das Einkreisen eine Auswahl der Gebäude ihrer Schule und schreiben ihren Lieblingsort dort auf. Bei der dritten Aufgabe lesen die Schüler die Sprechblasen von Emily und Oliver, bei denen diese von sich und ihrer Schule erzählen. Danach verfassen sie selbstständig einen Text, bei dem sie eigene Schwerpunkte bezüglich ihrer Schule setzen können. Die Auswertung kann beim Rumgehen im Klassenraum oder im Plenum erfolgen.

Die **KV 30** verlangt von den Schülern, dass sie die angebotenen *clubs* ihrer Schule in der Tabelle notieren und darunter schreiben, welchen *club* sie an ihrer Schule momentan besuchen oder besuchen wollen. Danach arbeiten sie mit einem Partner oder einer Gruppe zusammen und denken sich einen eigenen *club* aus. Für diesen sollen ein Name, Aktivitäten und die Gegenstände, die dafür benötigt werden, gefunden werden. Es kann auch ein Poster dazu angefertigt und im Plenum präsentiert werden.

Bei der *task* (**KV 31**) arbeiten die Schüler mit einem Partner zusammen und schreiben einen Text über ihre Traumschule. Alternativ könnten sie auch ein Poster dazu gestalten. Sie denken sich dabei ihren Phantasieschulweg, Stundenplan, Pausenaktivitäten, Schulgebäude und *clubs* aus.

 Beim Selbsteinschätzungsbogen (**KV 32**) setzen sich die Schüler mit ihrem eigenen Lernzuwachs auseinander.

Wortschatz: turn right/left, go across, go down, maths, geography, French, German, English, art, science, biology, technology, PE, RE, drama, lunch break, morning break, break activities, teachers' lounge, engineering room, science lab, sports hall, art room, schoolyard

Name: _____ Datum: _____

Mind map "my school"

1. 👤 *Write down all the words that have something to do with the word "my school".*

2. 👤 *You can make extra mind maps with the words "subjects", "break activities" or "clubs".*

3. 👥+ *Compare your mind map with a partner or a group.*
   You can write more words if you want to.

KV 25

32

Name: _____ Datum: _____

Emily's way to school

1. *Read the text and draw Emily's way to school.*

I go to school on foot.
First I go down to the river and walk across the bridge. Then I turn right into the Main Street. From there I can see the museum and the church. At the end of the street there's a big shopping centre. There I turn left and walk across the park with a big lake and a football ground. At the end of the park there's my school.

2. *Describe your own way to school.*

| turn right – turn left – walk across – go down |

_____

_____

_____

_____

KV 26

33

Oliver's timetable

1. Look at Oliver's timetable and circle his favourite subjects.

Monday	Tuesday	Wednesday	Thursday	Friday
Maths	Biology	Technology	French	English
Maths	Biology	English	Science	History
Morning break	Morning break	Morning break	Morning break	Morning break
PE	French	Maths	English	PE
PE	History	Geography	Music	French
Lunch break	Lunch break	Lunch break	Lunch break	Lunch break
English	Music	Science	RE	Maths
Computer club	German	Basketball club	Art	Drama
Computer club	German	Basketball club	Art	/

2. What are your favourite subjects?

   Write them down: _____

3. Ask your classmates about their favourite subjects.

   What are your favourite subjects?

names	subjects

4. Talk about it to a partner.

   Mia likes art and English. Ben likes PE and history.

Name: _____ Datum: _____

Break activities

1. *Tick ✓ the activities that you like.*

playing football – chilling (out) – playing with my smartphone –
playing basketball – listening to music – talking to my friends –
writing messages – walking around – reading

2. *Write down your favourite break activities:*

During morning break I like _____.

During lunch break I like _____.

3. *Ask your partner about his/her favourite break activities. Write them down.*

During morning break _____ likes _____.

During lunch break _____ likes _____.

KV 28

Name: _____ Datum: _____

My school building

1. *What areas does your school have? Circle the words.*

cafeteria	sports hall	science lab	art room	computer room
playground	classrooms	teachers' lounge		engineering room
football field	schoolyard	film room		

2. *Write down your favourite area:* _____

3. *Oliver and Emily are new at their school. They meet at the playground. Read what they say.*

Hi, I'm Oliver and I'm eleven years old. I'm in class 5d. My class teacher is Mrs. Jones. I like maths, music and PE. My best friends at school are Max and Alex.

I'm Emily and I'm in class 5a. My favourite teacher is Mr. Brown. I like the dance club and art. My hobbies are riding a horse and dancing.

4. *Write a text about yourself.*

_____
_____
_____
_____
_____
_____

5. *Go around in the classroom and tell your classmates.*

KV 29

36

Name: _____   Datum: _____

Clubs

1. *What clubs does your school have?*
Choose from the list of clubs and write them in the grid.

> dance club   drama club   football   basketball   choir
> band   art club   photo club   chess
> games club   computer club   …

2. *To which clubs would you like to go? Write them down.*

_____

3. *Get together with a partner or a group of three and invent your own club.*

- Find an interesting name (for example: Dark runners, Olli's shooters)
- Write down what you do at the club (for example: singing, dancing, playing …).
- Write down the things you need for the activities (for example: football, camera, smartphone, MP3player, computer, …)

Name of the club: _____

Activities: _____
_____
_____

Things you need: _____
_____
_____

4. *Present your club in class.*

Name: _____ Datum: _____

Task: My dream school

1. *Work with a partner and describe your dream school.*

   Write about …

   … your way to school
   … your timetable
   … your break activities
   … the school building
   … your clubs

   You can also draw your school.

   ┌───┐
   │   My dream school   │
   │   │
   │   │
   │   │
   │   │
   │   │
   │   │
   │   │
   └───┘

5 My best holiday trip

Lehrerhinweise

Aufgabenschwerpunkt:
- eine Urlaubsreise planen
- einen Dialog im Restaurant führen
- Entscheidungen treffen und begründen

Einsatzort:
5. Schuljahr

Kommunikative Kompetenzen:
Die Schülerinnen und Schüler können …

Hör-und Hör-Sehverstehen
- die Antworten ihrer Mitschüler über ihre Ferienpläne verstehen.
- die vorgespielten Dialoge hörend verstehen.

Leseverstehen
- den Wortschatz zum Sachfeld *holidays* und *food and drinks* lesend verstehen.
- einen Bestelldialog lesend verstehen.
- *text messages* über Urlaubsorte lesend verstehen.

Sprechen
- sich mit ihren Mitschülern über ihre Urlaubspläne unterhalten.
- einen Bestelldialog führen.
- einen Urlaubsort mündlich präsentieren.

Schreiben
- eine Liste mit Urlaubsplänen schreiben.
- eine Liste mit Dingen für den Urlaub vervollständigen.
- einen Bestelldialog schreiben.
- die Antworten ihrer Mitschüler zum Dialog im Restaurant und zu Urlaubsaktivitäten notieren.
- eine *text message* über einen Urlaubsort schreiben.

Zeitlicher Umfang:
2–3 Unterrichtsstunden

Didaktisch-methodischer Kommentar:
Schwerpunkt dieser Lernaufgabe ist die Planung einer Urlaubsreise.

Zur Reaktivierung von bekanntem Wortschatz tragen die Schüler alle Wörter, die ihnen zu dem Stichwort *holidays* einfallen, in eine Mindmap ein (**KV 33**). Die anschließende Partner- oder Gruppenarbeit bietet ihnen die Möglichkeit, weiteren Wortschatz zu ergänzen.

Die Schüler überlegen sich bei der **KV 34**, welchen der Orte sie gerne besuchen würden. Das freie Kästchen kann ausgefüllt werden, wenn den Schülern ein anderer Urlaubsort einfällt. Danach vervollständigen sie eine Liste mit Aktivitäten, die sie an ihrem Ort gerne unternehmen würden. Die Liste dient als Grundlage für ein Gespräch mit einem Klassenkameraden, bei dem die Schüler sich gegenseitig über ihre Urlaubsziele und Aktivitäten im Urlaub informieren.

Bei der **KV 35** kreisen die Schüler die Dinge ein, die sie gerne auf ihre Reise mitnehmen würden. Anschließend notieren sie diese und ergänzen eigene Ideen. Bei der dritten Aufgabe treffen sie eine Auswahl der drei wichtigsten Gegenstände für ihren Urlaub und erstellen ihre persönliche Top 3. Als weitere gute Aufgabe könnten die Schüler sich gegenseitig befragen und eine Top 3 der ganzen Klasse anfertigen.

Nun befinden sich die Schüler an ihrem Urlaubsort und gehen im Fast-Food-Restaurant essen (**KV 36**). Dort unterhalten sie sich zunächst mit einem Partner darüber, welche der abgebildeten Speisen sie gerne mögen und welche eher nicht. Dann bringen sie den Bestelldialog in die richtige Reihenfolge, welcher als Gerüst für den Dialog stehen kann, den sie nun selbst verfassen sollen.

Lösung:

That's 12.50	5
OK. Anything to drink?	3
Thank you. Bye.	6
Hi. Can I help you?	1
Bye.	7
Yes, a coke, please.	4
Hello. Yes, I'd like a cheese burger with chips, please.	2

Lediglich die Speisen, Getränke und der Preis sollten selbst ergänzt werden. Hier könnten die Dialoge im Plenum oder vor Gruppen präsentiert werden und die zuhörenden Schüler könnten dazu einen Hörauftrag (*food and drinks / price*) ausfüllen.

Im *adventure park* (**KV 37**) treffen die Schüler wiederum eine Auswahl, und zwar zu den Attraktionen, die sie gerne sehen möchten. Es sind auch mehrere Antworten möglich. Im Anschluss daran unterhalten sie sich mit einem Partner über ihre Aktivitäten im Park. Bei der dritten Aufgabe dürfen sich die Schüler im Raum bewegen und befragen fünf Klassenkameraden zu ihren bevorzugten Attraktionen im Park.

Bei der **KV 38** sollen die Schüler zunächst ihr Leseverstehen nachweisen. Sie lesen die drei Textnachrichten und schreiben auf, welcher der drei genannten Orte (*beach in Plymouth / snowboarding in the mountains / adventure park*) der beste Urlaubsort ist. Leistungsstärkere Schüler können ihre Antwort begründen. Anschließend schreiben sie eine ausgedachte SMS über ihren Urlaub an ihre Freunde.

Bei der *task* (**KV 39**) erstellen die Schüler ein Poster zu ihrem ausgewählten Urlaubsort. Wenn einige Schüler sich für den gleichen Urlaub entscheiden, können sie das Poster auch zusammen erstellen. Dabei sollten sie ihren Traumurlaub vorstellen, mit Aktivitäten, die sie dort machen wollen, mit Speisen und Getränken sowie mit Dingen, die sie mitnehmen und weiteren Ideen, die sie sich selbst überlegen. Die Plakate können präsentiert und im Klassenraum aufgehängt werden.

Beim Selbsteinschätzungsbogen (**KV 40**) setzen sich die Schüler mit ihrem eigenen Lernzuwachs auseinander.

Wortschatz: horse ranch, city trip, beach, adventure park, camping, snowboarding, ferry trip, visit sights, driving quads, swimsuit, towel, umbrella, tent, riding helmet, suncream, fishing rod, map, suitcase, climbing

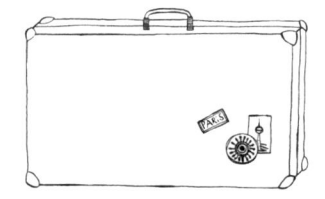

Name: _____ Datum: _____

Mind map "holidays"

1. *Write down all the words that have something to do with the word "holidays".*

2. *You can make extra mind maps with the words "holiday trips", "beach" or "adventure park".*

3. *Compare your mind map with a partner or a group.*
   You can write more words if you want to.

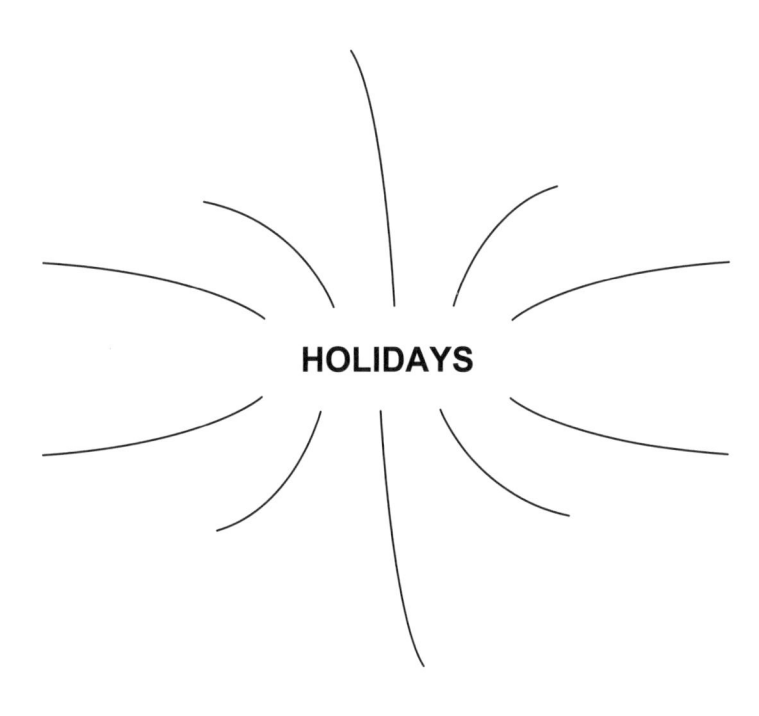

HOLIDAYS

KV 33

41

Name: _____ Datum: _____

Holiday trips

1. *Tick ✓ what you would like to do in your next holidays.*

2. *What are your plans for your holiday trip? Write a list.*

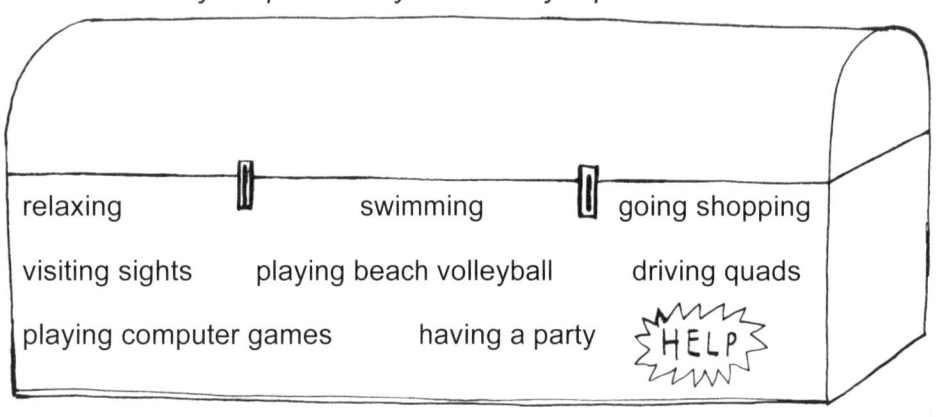

relaxing   swimming   going shopping

visiting sights   playing beach volleyball   driving quads

playing computer games   having a party   HELP

My holiday trip (Mallorca, Denmark,…): _____
My plans are:

- _____
- _____
- _____
- _____

3. *Talk to a partner about your holiday plans.*

Where would you like to go?

I'd like to …

What are your plans?

KV 34

42

Name: _____   Datum: _____

Getting ready for the trip

1. *Circle what you need to take with you for your trip*

tent	snowboard	books	mobile	bike	football	music

suncream   towels   swimsuit   sunglasses   camera   shorts
riding helmet   map   umbrella   T-shirt   fishing rod
teddy bear   dog   music   mp3 player   laptop

2. *Write down what you need to put in your suitcase. Use your own ideas, too.*

3. *Make a top 3 of the most important things you must put in your suitcase.*

1. _____
2. _____
3. _____

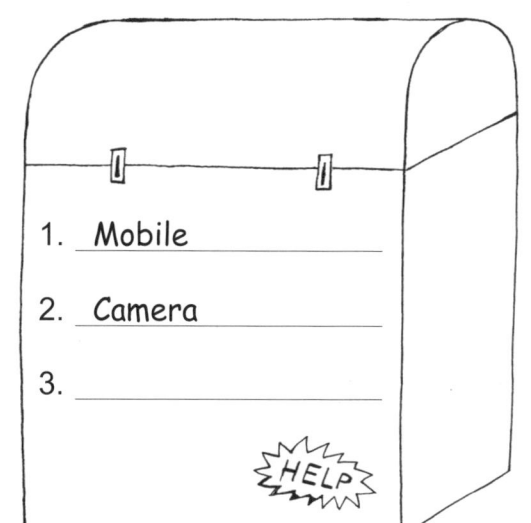

1. Mobile
2. Camera
3. _____

KV 35

43

Name: _____ Datum: _____

At the fast food restaurant

1. 👥 *You are at a fast food restaurant during your holiday trip. Talk to a partner about what you like to eat and drink.*

> I like to eat ... /
> I don't like ...

hamburger	chips	cheese burger	chicken nuggets	salad	fish burger
muffin	ice cream	coke	juice	lemonade	coffee

2. 👥 *Bring the dialogue in the right order.*

That's 12.50	
OK. Anything to drink?	
Thank you. Bye.	
Hi. Can I help you?	1
Bye.	
Yes, a coke, please.	
Hello. Yes, I'd like a cheese burger with chips, please.	

3. 👥 *Write a dialogue with your partner. Fill in the food/drinks and the price.*

A: Hi. Can I help you?
B: Hello. Yes, I'd like a …

* Extra: *Present your dialogues to the class.*

Names	Food	Drinks	Price

Name: _____ Datum: _____

The adventure park

1. 👥 You are at an adventure park in your holidays. Tick ✓ where you would like to go.

Welcome to our adventure park

☐ BMX-Rad

☐ Table tennis

Waterpark

☐ Climbing

Show with fast cars

☐ Bungee jumping

☐ Quad

2. 👥 Talk to a partner. Where would you like to go?
    - I want to go to the …
    - I like …
    - I don't like …
    - I think it's great/boring/fun.

3. 👥 Go around and ask your classmates where they would like to go.

Where would you like to go?

Names:	Quad	Table tennis	Show	Waterpark	BMX	Bungee jumping	Climbing

KV 37

Name: _____ Datum: _____

A text message to your friends

1. *Read the text messages.*

Phone 1:
Hi John.
How are you? I'm in Plymouth on the beach. It's warm here. Later I go swimming.
See you,
Steve

Phone 2:
Hey Jenna,
What's up? I'm snowboarding in the mountains. It's great!
I hope you're well.
Bye Lara

Phone 3:
Hello Tom!
I'm camping with my family. They have an adventure park here and you can drive quads. It's really fun.
I wish you could be here ...
Kiss Sarah.

2. *What do you think is the best trip (Plymouth / Snowboarding / Adventure Park)? Write it down.*
Extra: Give a reason.

_____

_____

3. *Write your own text message about your trip to a friend.*

Word box:
Hi/Hello/Hey
What's up? / How are you?
I'm great/fine/well.
I'm in ...
The weather is ...
See you / Bye

HELP

4. *Read out your message to a partner or a group.*

KV 38

Name: _____ Datum: _____

Task: A poster about your holiday trip

1. *Make a poster about your best holiday trip. You can draw, write or cut out pictures from a magazine.*

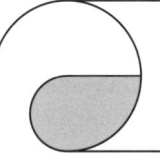

My best holiday trip

Place (beach, camping, …)

Activities (beach volleyball, cooking, …)

Food and drinks

Suitcase (mobile, suncream, …)

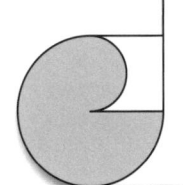

2. *Present your poster to the class.*

6 Money Money Money

Lehrerhinweise

Aufgabenschwerpunkt:
- einen englischen Tag an der eigenen Schule planen
- Sensibilität im Umgang mit Geld entwickeln

Einsatzort:
6. Schuljahr

Kommunikative Kompetenzen:
Die Schülerinnen und Schüler können …

Hör-und Hör-Sehverstehen
- die Antworten ihrer Mitschüler hörend verstehen.

Leseverstehen
- Wortschatz zum Sachfeld *Einkaufen* und *Aktivitäten für einen Englischtag* lesend verstehen.

Sprechen
- sich über Gegenstände und deren Preise unterhalten.
- über Aktivitäten, die nichts kosten, sprechen.
- einen Verkaufsdialog führen.

Schreiben
- Listen von Gegenständen mit Preisen erstellen.
- einen Einkaufsdialog schreiben.

Zeitlicher Umfang:
2–3 Unterrichtsstunden

Didaktisch-methodischer Kommentar:
Im 6. Schuljahr bekommt das Thema *Geld* für Schüler eine immer größere Bedeutung. Die Schüler sind selbst in der Lage, einkaufen zu gehen und bekommen in der Regel Taschengeld. Damit das Thema nicht zu sehr in den persönlichen und privaten Bereich der Schüler eingreift, ist die Lernaufgabe als Gemeinschaftsprojekt aller Schüler konzipiert: Planung eines englischen Tages im Hinblick auf die Erzielung eines monetären Gewinns.

Zur Reaktivierung von bekanntem Wortschatz tragen die Schüler alle Wörter, die ihnen zu dem Stichwort *money* einfallen, in eine Mindmap ein (**KV 41**). Die anschließende Partner- oder Gruppenarbeit bietet ihnen die Möglichkeit, weiteren Wortschatz zu ergänzen.

Bei der **KV 42** sollen die Schüler abschätzen, wie viel die verschiedenen Gegenstände des täglichen Gebrauchs kosten. Da Preise häufig variieren und je nach Gegenstand recht unterschiedlich ausfallen können, sollen die Schüler Preise im Vergleich lediglich einschätzen.

Bei der **KV 43** erstellen die Schüler eine Einkaufsliste bis zu einer Höhe von 50 Pounds (1 Pound = ca. 1,35 € – Wechselkurse können sich ändern). Sie legen dabei selbst den möglichen Preis für eine Ware fest. In einem zweiten Durchgang sollen sich die Schüler auf eine gemeinsame Einkaufsliste bis zu einer Höhe von 100 £ einigen. Die Lehrkraft sollte darauf achten, dass die Schüler nicht nur einen einzigen Gegenstand einkaufen.

In der **KV 44** kreisen die Schüler die Aktivitäten ein, die nichts kosten. Mit Aktivitäten, die nur auf den ersten Blick kostenlos sind, aber einer vorherigen Anschaffung bedürfen (z. B. PlayStation, Fernseher), beschäftigen sich die Schüler im zweiten Teil der Aufgabe. Im dritten Teil planen die Schüler einen Tag mit Aktivitäten, die ihnen selbst keine unmittelbaren Kosten verursachen.

In der **KV 45** erstellen die Schüler eine Liste von Dingen, die man auf einem Flohmarkt verkaufen kann. Sie tauschen sich mit einem Partner aus und ergänzen ihre Liste. Gemeinsam legen sie Preise für die Gegenstände fest. Um die Gegenstände auf einem englischen Tag an der Schule auch verkaufen zu können, üben sie einen Verkaufsdialog ein.

Bei der **KV 46** entwickeln die Schüler Ideen für einen englischen Tag, der ihnen Geld einbringen soll. Die Schüler müssen überlegen, welche Aktivitäten sie anbieten und wie viel Geld sie dafür nehmen können.

In der abschließenden *task* (**KV 47**) wird der *English day* nun konkret geplant. Damit dieser Tag auch finanziell ein Erfolg wird, überlegen die Schüler sich geeignete Werbemaßnahmen. Dazu gehören die Gestaltung eines Poster mit dem Programm des *English day* und die Formulierung von Einladungsschreiben an Eltern, Freunde und Verwandte.

Beim Selbsteinschätzungsbogen (**KV 48**) setzen sich die Schüler mit ihrem eigenen Lernzuwachs auseinander.

Wortschatz: flea market, chewing gum, fix a price, sponsored walk/run, entrance fee, adult

Mind map "money"

1. *Write down all the words that have something to do with the word "money".*

2. *You can make extra mind maps with the words "shopping", "jobs" or "flea market".*

3. *Compare your mind map with a partner or a group.
You can write more words if you want to.*

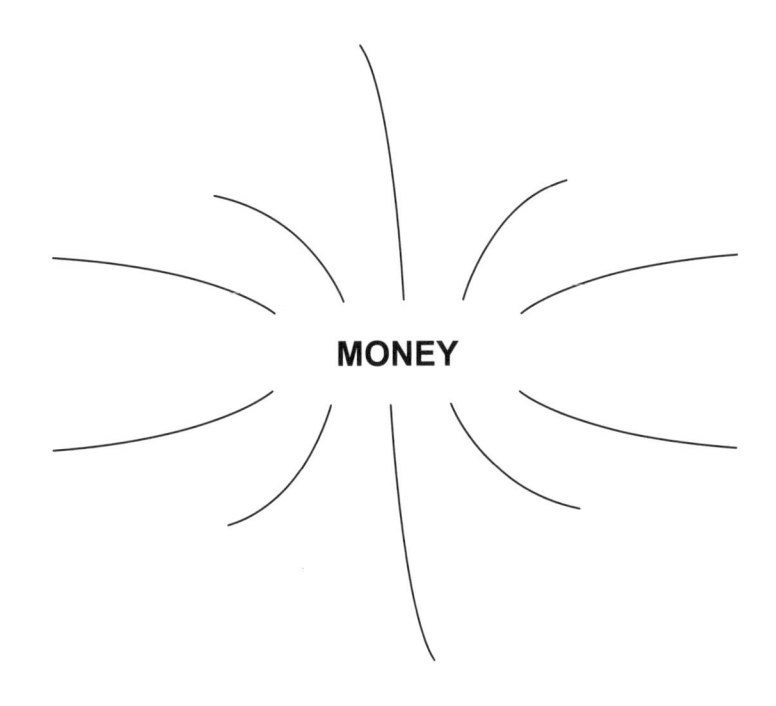

MONEY

Name: _____ Datum: _____

What things cost

1. 👤 *Take a look at the things in the box. What do you think is most expensive and what is cheapest? Make your own list.*

car	house	trousers	hamburger
mobile/smartphone	T-shirt	football	bottle of lemonade
horse	book	CD	banana	guitar
castle	chocolate	magazine	bike	hamster
PlayStation	skateboard	plane	cinema ticket

most expensive →	1.	2.	3.
4.	5.	6.	7.
8.	9.	10.	11.
12.	13.	14.	15.
16.	17.	18.	19.
20.	21.	22.	← cheapest

2. 👥 *Compare your lists in a group and make a new list together.*

   💬 I think a mobile is more expensive than a guitar.
   💬 I think a cinema ticket is cheaper than a skateboard.

Most expensive →	1.	2.	3.
4.	5.	6.	7.
8.	9.	10.	11.
12.	13.	14.	15.
16.	17.	18.	19.
20.	21.	22.	← cheapest

KV 42

Name: _____ Datum: _____

What would you buy?

1. 👤 You have 50 pounds. (1 pound = 1.35 €). What things would you buy for 50 pounds? Look at the example first, then make your own list.

	price	My own list	price
2 cinema tickets	14.00 £		£
1 book	8.00 £		£
1 CD	12.00 £		
1 T-shirt	10.00 £		
1 magazine	2.50 £		
2 bottles of lemonade	3.00 £		
1 chewing gum	0.50 £		
Sum:	50.00 £		

2. 👥 Get together in a group of three. Now you have 100 £. What things would you buy? Which of these things are only for you and which are for all of you?
Write the things with their prices on a poster.

3. 👥 Present your poster to the class.

Example: At first we buy a CD which all of us can listen to. It costs 12.00 £.
Ben likes bananas. So we buy 3 bananas for him. They cost 1.00 £.

KV 43

Name: _____ Datum: _____

Things that don't cost anything

1. *Take a look at the picture and tick ✓ the things that are for free.*

2. *Are these things for free or not? Discuss with a partner.*

| Playing PlayStation | Talking on the phone | Watching television |
| Reading a book | Riding a horse | Playing football |

I think reading a book is for free.

I don't think so. You must pay for the book.

But if I have the book from my friend, it's for free.

3. *You want to plan a day without spending money. Work with a partner. Think about activities you can do that cost no money and plan a day. What are you going to do? Create a flyer.*

KV 44

Name: _____ Datum: _____

Things for a flea market

1. *Make a list of things you can sell at the flea market.*

★ _____	★ _____
★ _____	★ _____
★ _____	★ _____
★ _____	★ _____
★ _____	★ _____
★ _____	★ _____
★ _____	★ _____
★ _____	★ _____
★ _____	★ _____

2. *Compare with your partner and add things to your list.*

3. *Fix a price for each thing.*

4. *You want to sell your things at the flea market. Write a dialogue and practise it.*

Hi. Can I help you?
How much is the …?
It's … Euros.
That's too expensive.
You can have it for … Euros.
Fine. That's OK.
I take it.
Here are … Euros.
Thank you.

KV 45

53

Name: _____ Datum: _____

How to earn money

1. Tick ✓ what you would like to do at the English day.

Activities for an English day

☐ Fashion show	☐ Theatre play	☐ Casting show
☐ Sponsored walk	☐ Sponsored run	☐ Baking and selling cakes
☐ Baking and selling cookies	☐ Making and selling tea and coffee	☐ Collecting things for a flea market
☐ Selling things at the flea market	☐ Singing and dancing to a song	☐ Circus

2. Go around in your classroom and find classmates who want to do the same activity.
Get together in groups of three or four.
Plan your activity.

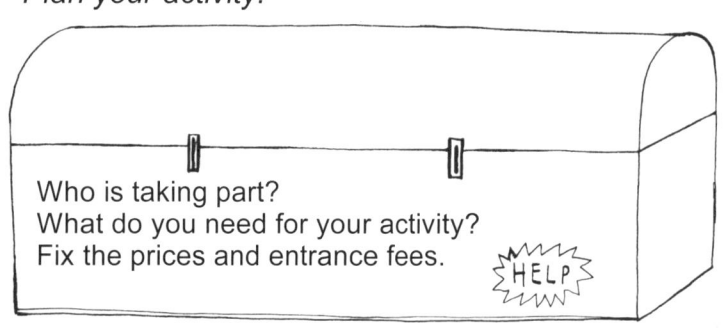

Who is taking part?
What do you need for your activity?
Fix the prices and entrance fees.
HELP

3. Put your plan on the pinboard.

Name: _____   Datum: _____

Task: An English day at school

You need money for a class trip. You plan an English day at your school.

1. 👥 *Get together in a group and make a poster for the English day. Look at the plans on the pinboard and write information about:*
   - the date, the time, the place
   - the activities
   - prices and entrance fees

2. 👤+ *Work alone or with a partner. Write a letter of invitation to parents, family members and friends. Invite them to your English day.*

   Write information about:
   - the date, the time, the place
   - the activities
   - entrance fees

Invitation
to our English day

Date: _____

Time: _____

Name of school: _____

Activities: _____

_____

_____

Entrance fees: _____ for adults

_____ for children

7 My ways of living

Lehrerhinweise

Aufgabenschwerpunkt:
- Lieblingsaktivitäten und Gewohnheiten
- Sport und Ernährung

Einsatzort:
6. Schuljahr

Kommunikative Kompetenzen:
Die Schülerinnen und Schüler können …

Hör-und Hör-Sehverstehen
- Fragen zu ihren sportlichen Aktivitäten und Interessen verstehen.

Leseverstehen
- den Wortschatz zum Sachfeld *food and drinks* verstehen.
- ein *food diary* verstehen.
- einen Blog über gute und schlechte Angewohnheiten verstehen.
- den Wortschatz zum Sachfeld *sports and other activities* verstehen.

Sprechen
- über ihre Lieblingsspeisen und -getränke sprechen.
- über gute und schlechte Angewohnheiten sprechen.
- ihre Klassenkameraden zu ihren sportlichen Aktivitäten und Interessen befragen.
- über ihr *dream life* sprechen.

Schreiben
- eine Liste mit ungesunden Lebensmitteln bzw. Getränken erstellen.
- einen Blog über eigene Gewohnheiten schreiben.

Zeitlicher Umfang:
2–3 Unterrichtsstunden

Didaktisch-methodischer Kommentar:
Im Mittelpunkt dieser Aufgaben steht die Auseinandersetzung mit der eigenen Lebensführung und -gestaltung in den Bereichen *food*, *habits*, *sports* und *activities*.

Zur Reaktivierung von bekanntem Wortschatz tragen die Schüler alle Wörter, die ihnen zu dem Stichwort *ways of living* einfallen, in eine Mindmap ein (**KV 49**). Die anschließende Partner- oder Gruppenarbeit bietet ihnen die Möglichkeit, weiteren Wortschatz zu ergänzen.

Als Einstieg in die Thematik beschäftigen sich die Schüler zunächst mit dem Speisen- und Getränkeangebot in Fast-Food-Restaurants (**KV 50**) und erstellen eine Liste mit Speisen und Getränken, die möglicherweise ungesund sein können. Hierbei geht es nur um die Meinung der Schüler und nicht um wissenschaftliche Ernährungsanalysen. Abgerundet wird die Aufgabe durch eine Umfrage zum Burgerkonsum in der Klasse.

Bei der **KV 51** lesen die Schüler zunächst *Mary's food diary*. Anschließend entscheiden sie, welche Speisen ihrer Meinung nach gesund bzw. ungesund sind. Ein Vergleich der Ergebnisse erfolgt in Dreiergruppen (oder auch Vierergruppen). Abschließend entwickeln die Schüler einen gesunden Ernährungsplan. Leistungsstärkere Schüler können die restlichen Wochentage ergänzen.

Nach der Lektüre der Blogs von Nick, Piet und Ellen (**KV 52**) notieren die Schüler gute und schlechte Gewohnheiten der drei Jugendlichen in einer Tabelle. Nach einer kurzen Auswertung in Partnerarbeit schreiben die Schüler einen Blog über ihre eigenen Gewohnheiten.

Auch bei der **KV 53** ist das Leseverstehen Grundlage für die weitere Arbeit. Nach dem Lesen des Dialogs beantworten die Schüler drei Kernfragen zum Text und befragen dann ihre Mitschüler zu ihren sportlichen Interessen bzw. Aktivitäten. Die Ergebnisse werden in Gruppen ausgewertet und in eine Tabelle eingetragen.

In der **KV 54** kreuzen die Schüler ihre Lieblingsaktivitäten an und ergänzen ggf. nicht aufgeführte Aktivitäten. Nach der Suche von Mitschülern mit gemeinsamen Lieblingsaktivitäten beschreiben leistungsstärkere Schüler ihre Lieblingsaktivität in einem kurzen Text.

In der abschließenden *task* (**KV 55**) machen sich die Schüler zunächst Gedanken über ihren eigenen Lebensstil und notieren ihre Lieblingsaktivitäten sowie ihre Vorlieben in den Bereichen Essen, Trinken, Fernsehprogramme, Computerspiele etc. Die Ergebnisse werden auf einem Poster festgehalten. Zur Gestaltung der Poster können die Schüler selbst zeichnen oder Bilder aus Zeitschriften verwenden. Die Poster können auch auf einem PC oder iPad/Tablet erstellt werden. Die Poster werden in einem *one-minute talk* präsentiert.

Beim Selbsteinschätzungsbogen (**KV 56**) setzen sich die Schüler mit ihrem eigenen Lernzuwachs auseinander.

Wortschatz: veggie burger, unhealthy, habits, wrestling, professional wrestler, tease somebody

Name: _____ Datum: _____

Mind map "ways of living"

1. *Write down all the words that have something to do with "ways of living".*

2. *You can make extra mind maps with the words "food and drinks", "habits" or "sports".*

3. *Compare your mind map with a partner or a group.
You can write more words if you want to.*

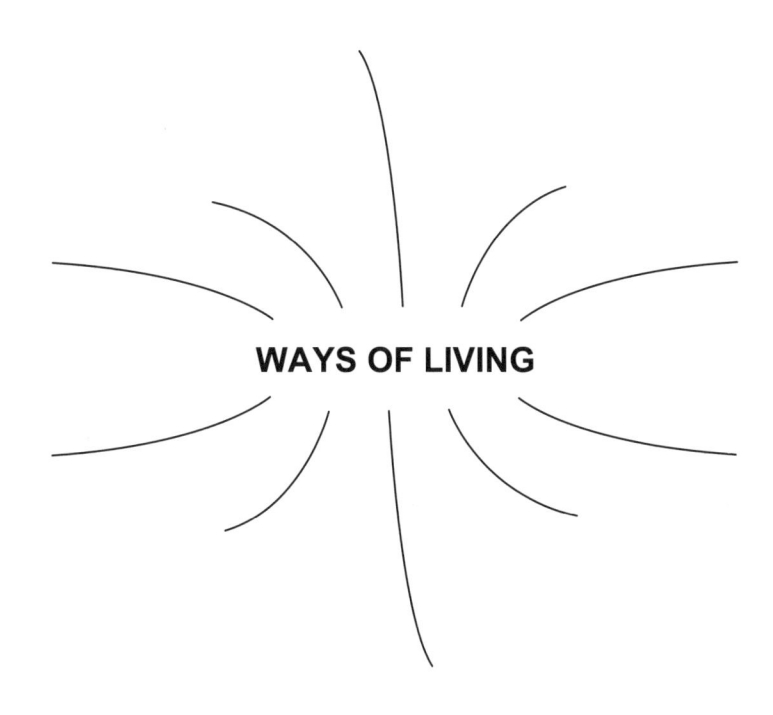

WAYS OF LIVING

Name: _____ Datum: _____

At a burger place

1. *Tick ✓ what you like to eat and drink at a burger place.*

   ☐ hamburger   ☐ chips   ☐ ice cream   ☐ chicken nuggets
   ☐ banana   ☐ salad   ☐ veggie burger
   ☐ milkshake   ☐ coke   ☐ water   ☐ coffee

2. *Talk to a partner about what you like to eat and drink at a burger place.*

   I like to eat …
   I like to drink …
   I don't like to eat/drink …
   I don't like burger places. I like to eat …

3. *Make a list of food and drinks that can be unhealthy at a burger place.*

   - _____
   - _____
   - _____
   - _____
   - _____
   - _____
   - _____
   - _____
   - _____
   - _____
   - _____
   - _____

   * Extra: *Think of more unhealthy food and compare your list.*

4. *Make a survey in your class. Find out who eats the most burgers in a week. Copy the grid into your exercise book. How many burgers do you eat in a week?*

Names of your classmates								
Burgers in a week								

   *Extra: *Who eats more burgers in your class? The boys or the girls?*

Name: _____   Datum: _____

Mary's food diary

1. *Read the diary.*

	Monday	Tuesday	Wednesday	Thursday	Friday
breakfast	cereals with milk and some fruit	sandwich with peanut butter	yoghurt with fruits	brown bread sandwiches with salami and some fruit	a smoothie and a cheese sandwich
lunch	fish and chips	salad and soup	pasta with tomatoes	baked potato beans and chips	pizza
in the afternoon	ice cream	an apple	chocolate	sweets	crisps
dinner	cheese sandwich	hamburger and chips	tuna sandwich and crisps	meat and vegetables	chips with lasagne

2. *Take another look at Mary's food diary. What do you think is healthy? What is unhealthy? Complete the chart.*

healthy	unhealthy	not sure

3. *Get together in groups of three and compare your lists. Talk about the food you are not sure if it's healthy or unhealthy. Decide where to put it in your chart.*

> I think … is/are very fat.

> I think … is/are unhealthy because there is lots of sugar in it.

4. *Make a healthy food plan for Mary from Monday to Wednesday. Copy the grid into your exercise book.*

	Monday	Tuesday	Wednesday
breakfast			
lunch			
in the afternoon			
dinner			

KV 51

Name: _____   Datum: _____

Good or bad habits

1. *Nick, Piet and Ellen write in their blogs about their habits. Read the blogs.*

My habits by Nick, 11 years	My daily habits by Piet, 12 years	My typical habits by Ellen, 11 years
I wake up early and start running. I exercise every day. For breakfast I usually like to eat fruits. After school I often meet my friends or listen to my favourite music. Three times a week I have basketball training. In the evening I like to watch sport programmes.	The first thing I do when I wake up is to get my mobile and check my messages. I don't like to eat breakfast in the morning, I eat some crisps or sweets at school. After school I play computer games. I don't like sports. Sometimes I meet my friends and we play computer games together. Or we meet at a burger place. I can eat five burgers at once.	I like to sleep long! I hate to get up early when I have to go to school. I try to eat lots of fruits and salad but I also eat a lot of sweets. Especially in the evening when I'm watching TV. I like to go riding horses and sometimes I go swimming with my friends.

2. *What do you think are good and bad habits? Complete the grid.*

Good habits	**Bad habits**	**Not sure**

3. *Compare your list to your partner and talk about it.*

4. *What are your habits? Write a blog about it.*

| My habits |
| by _____, _____ years |
| ... |

Name: _____ Datum: _____

Sports

1. *Read the text.*

> Alan is new in the class. He's a bit fat and not so good-looking. His new classmates want to know what he is interested in.
>
> Amie: Hi, Alan. Do you like sports?
> Alan: Yes, I do. I like watching football and wrestling on TV.
> Angie: Oh, wrestling. Are these the big fat boys fighting each other? They look a bit like you.
> Alan: Thank you. You're right. I want to become a professional wrestler, too.
> Robert: But you're not strong enough.
> Alan: That's true. So I've started my personal training in a fitness centre.
> Amie: Oh, that's interesting! How often do you go there?
> Alan: I go there three times a week. On Mondays, Wednesdays and Fridays.
> Angie: Where is that fitness centre?
> Robert: Why do you ask?
> Angie: Shut up! I'm asking Alan.
> Alan: It's just round the corner from where I live.
> Angie: Do they have other activities, too?
> Alan: Yes, of course. They have a lot of activities, even for little girls like you.
> Robert: Ha, ha. I think Angie is in love with Alan.
> Angie: Shut up, Robert!

2. *Answer the questions:*

What sports is Alan interested in? _____

What sport does he do? _____

Why does he do it? _____

3. *Ask your classmates:*

Names →		
What sports do you do?		
What sports do you watch on TV?		

4. *Get together in a group and compare your results. Complete the grid.*

Sports activities	Sports on TV

KV 53

Name: _____ Datum: _____

Activities

1. *Tick ✓ the activities that you like. Add your own activities.*

☐ reading books	☐ playing computer games	☐ camping	☐ eating hamburgers
☐ reading comics	☐ playing on my smartphone	☐ swimming	☐ playing with lego
☐ watching TV	☐ teasing my little brother	☐ chilling	☐ meeting friends
☐ taking photos	☐ playing with my pet	☐ travelling	☐ playing the guitar
☐ going shopping	☐ taking my dog for a walk	☐ drawing	☐ listening to music
☐ feeding my pet	☐ going to the cinema	☐ skateboarding	

other activities: _____

2. *Find someone in your class who likes the same activities as you do.*

Do you like …?

	Name:	Name:	Name:
Activities			

* **Extra:** *Write a short text about your favourite activity.*

_____
_____
_____
_____
_____
_____
_____

KV 54

Name: _____ Datum: _____

Task: My dream life

1. *What does your dream life look like? What are your favourite activities, habits, sports, TV programmes, computer games, etc.? What food and drinks do you like? Take notes.*

2. *Make a poster and prepare a one-minute talk about your dream life. Use photos, pictures or drawings and write something about your activities, habits, etc.*

My dream life

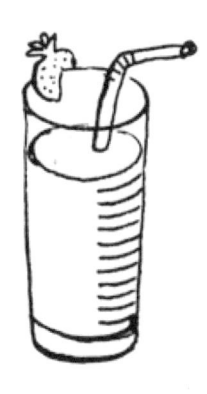

8 Animals and pets

Lehrerhinweise

Aufgabenschwerpunkt:
- Haustiere und Wildtiere
- Zoo und Safaripark

Einsatzort:
6. Schuljahr

Kommunikative Kompetenzen:
Die Schülerinnen und Schüler können …

Hör-und Hör-Sehverstehen
- Aussagen zu Lieblingstieren verstehen.
- Begründungen für einen Zoobesuch verstehen.

Leseverstehen
- den Wortschatz zum Sachfeld *wild animals and pets* verstehen.
- Tierbeschreibungen verstehen.
- die Fehler in einem Text mit Hilfe von Bildern erfassen.
- Informationen über verschiedene Zoos verstehen.

Sprechen
- über ihr Lieblingstier sprechen.
- über Tiere, Attraktionen und Eintrittspreise von Zoos sprechen.
- ihre Entscheidung für den Besuch eines bestimmten Zoos begründen.
- in einem Dialog über ihre Pläne im Longleat Safari Park sprechen.

Schreiben
- einen inhaltlich fehlerhaften Text verbessern und umschreiben.
- einen kurzen Text über einen verrückten Zoobesuch schreiben.
- ihr Lieblingstier beschreiben.

Zeitlicher Umfang:
2–3 Unterrichtsstunden

Didaktisch-methodischer Kommentar:
Bei diesen Aufgaben geht es um *pets* und *animals*. Während *pets* in erster Linie als Haustiere anzusehen sind, spricht man bei vierbeinigen Tieren ganz allgemein von *animals*.

Zur Reaktivierung von bekanntem Wortschatz tragen die Schüler alle Wörter, die ihnen zu dem Stichwort *animals and pets* einfallen, in eine Mindmap ein (**KV 57**). Die anschließende Partner- oder Gruppenarbeit bietet ihnen die Möglichkeit, weiteren Wortschatz zu ergänzen.

Als Einstieg in die Thematik (**KV 58**) beschäftigen sich die Schüler zur Wiederholung des Wortschatzes, den sie schon aus der Grundschule kennen, nach einer kurzen Wort-Bild-Zuordnung zunächst mit der Unterscheidung von Haustieren und wild lebenden Tieren. Anschließend stellen sie ihr Lieblingstier vor.

Bei der ersten Aufgabe zu *Buying a pet* (**KV 59**) geht es um Leseverstehen. Die Schüler sollen anhand der Beschreibungen die jeweiligen Tiernamen herausfinden. (Lösung: *dog, cat, tortoise, goldfish, hamster, rabbit, budgie.*) Die zweite Aufgabe ist als Hilfe für ein reales Problem zu betrachten, mit dem sich Eltern häufig konfrontiert sehen. Die Schüler wählen zwei Haustiere aus und entscheiden anhand eines Fragenkataloges, welches Haustier sich am besten zur Anschaffung eignet. Die benötigten Informationen recherchieren sie im Internet oder durch Befragung von Klassenkameraden oder ggf. auch von Eltern, Verwandten oder Freunden.

Zu Beginn der **KV 60** entnehmen die Schüler einer Tabelle Informationen über drei Zoos in England. Anschließend begründen die Schüler ihre Entscheidung für den Besuch eines bestimmten Zoos und tauschen sich darüber mit ihren Mitschülern aus.

Inspiriert durch ein paar komische Zeichnungen schreiben die Schüler in der **KV 61** einen Text über einen verrückten Zoobesuch. Der Fantasie sind hier keine Grenzen gesetzt. Leistungsschwächere Schüler haben auch die Möglichkeit, ihren Zoobesuch lediglich zu zeichnen.

Bei der **KV 62** setzen sich die Schüler mit einem inhaltlich fehlerhaften Text auseinander. Anhand der Bilder sollen sie die Fehler im Text erkennen und diesen in richtiger Form umschreiben.

Auf der **KV 63** wählen die Schüler aus, welche Attraktionen sie gerne im Longleat Safari Park besuchen wollen. Dazu könnten sie zusätzlich auf den Internetseiten des Parks über weitere Attraktionen recherchieren. Als nächstes überlegen sie, welche Tiere und Attraktionen sie in zwei Stunden im Park sehen möchten und erarbeiten anhand von Rollenkärtchen einen Dialog. Leistungsstärkere Schüler könnten den vorgegebenen Dialog umschreiben und individuell verändern, während leistungsschwächere Schüler nur die Attraktionen und Tiere in die Lücken eintragen können. Für das Auswendiglernen des Dialogs bietet sich die *read-and-look-up*-Technik an. Dabei lesen die Schüler einen Satz, schauen auf und wiederholen den Satz laut.

In der abschließenden *task* (**KV 64**) gestalten die Schüler ein Poster zu ihrem Lieblingstier.

Beim Selbsteinschätzungsbogen (**KV 65**) setzen sich die Schüler mit ihrem eigenen Lernzuwachs auseinander.

Wortschatz: chase, bone, snake, snail, meerkat, lodge, cheetah, lemur, mammals, fortunately, rollercoaster, Adventure Castle, Penguin Island, Gorilla Colony, brain

Name: _____ Datum: _____

Mind map "animals and pets"

1. *Write down all the words that have something to do with "animals and pets".*

2. *You can make extra mind maps with the words "zoo" or "safari park".*

3. *Compare your mind map with a partner or a group.
   You can write more words if you want to.*

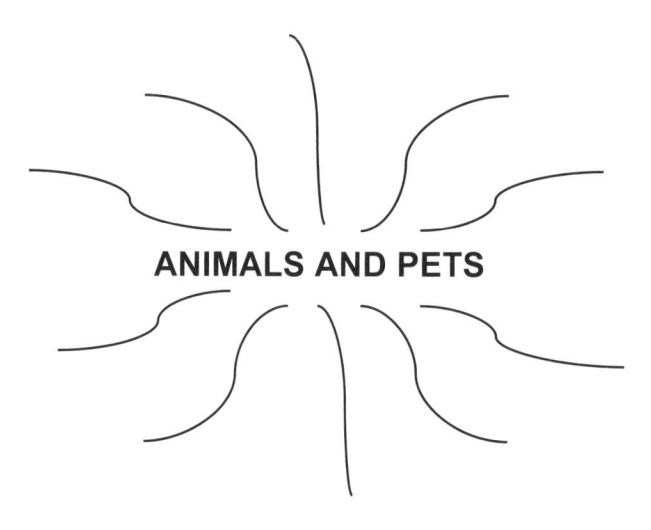

ANIMALS AND PETS

Name: _____ Datum: _____

Wild animal or pet?

1. *What animals or pets do you see? Write them down.*

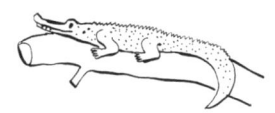

_____	_____	_____	_____
_____	_____	_____	_____
_____	_____	_____	_____
_____	_____	_____	_____

2. *Wild animal or pet? Write them in the list.*

Wild animals	Pets

3. *Which animal or pet do you like best? Talk to a partner.*

I like … the best because …

I don't like … because …

Name: _____ Datum: _____

Buying a pet

1. *Read the information about the pets on this web page. What pets is it about?*

	Name of animal
It's the people's best friend. It has got four legs. You have to take it for a walk three or four times a day. It likes to eat meat and bones.	
It likes to chase and catch mice. It likes to drink milk. It often lies on the sofa. It comes and goes whenever it wants to.	
It is very slow. It doesn't do very much. It drinks water and eats salad. It always has its house on its back.	
It can swim. It is easy to care for. It needs clean cool water. You only have to feed it once a day. You need to clean the aquarium weekly.	
It likes to exercise. The teeth never stop growing. It likes to eat fruits and sometimes meat. It sleeps during the day and is active in the evening.	
It likes to run around in the home. It is a social animal and likes to be with others. It likes to eat fruits and vegetables.	
It likes to bathe. It doesn't like to be alone. It has to live in a cage. It can sing and fly.	

2. *You want to buy a pet. Choose two pets and find out which is best for you. Go on the Internet or ask someone for the information.*

	Pet 1:	**Pet 2:**
How old can your pet become?		
How much does it cost?		
Where can you keep the animal?		
What things do you need for your pet?		
How much time do you need for your pet?		

3. *Present your results to a partner.*

Name: _____ Datum: _____

Going to the zoo

1. *Read the information. Which zoo would you like to go to? Why?*

	London Zoo	**Whipsnade Zoo**	**Battersea Park**
Prices: Adult	£ 21.81	£ 22.70	£ 8.75
Child	£ 15.90	£ 16.35	£ 6.50
Animals	monkeys (gorillas), penguins, fish, birds, reptiles, meerkats, Galapagos tortoises, otters, hippos, lions, tigers, giraffes, zebras	monkeys (chimps), sealions, tigers, zebras, cheetahs, lemurs, giraffes, lions, birds, elephants, rhinos, hippos	monkeys, mammals, snakes, turtles, geckos, snails, birds, otters, meerkats
Attractions	African rainforest, aquarium, children's zoo, animal adventure, animal shows, souvenir shop, restaurant, café, kiosk, fish and chips	overnight stay in lodges, dinner and breakfast, African village, steam train	café, gift shop, feeding of animals, interactive play area

2. *Get together in a group of four. Everybody of you writes down why you would like to go to London Zoo, Whipsnade Zoo or Battersea Park.*
Then ask your partner and write down his answer. Change the roles. At least everyone in the group presents his partner's answer.

My answer	My partner's answer

3. *Agree within your group which zoo you all would like to go.*

Name: _____ Datum: _____

My crazy zoo visit

1. Write a message to your friends about your crazy zoo visit.

_____
_____
_____
_____
_____
_____
_____

2. Get together in a group and read out your crazy stories. Decide on which one is the best and read it out to the class.

KV 61

70

Name: _____ Datum: _____

Going to Longleat Safari Park

1. *What's wrong about this drive through Longleat Safari Park? Read the text and find the mistakes. Compare with the pictures.*

When we arrived at Longleat Safari Park at 8 o'clock there was nobody there. We had to wait for an hour until we could get in. We went slowly along the road and soon we saw the first animals. A group of monkeys came straight to our car and climbed into the car quickly. Oh no! We had forgotten to shut the window. Fortunately the monkeys weren't interested in our car and jumped off again. We went through a little forest and saw some giraffes behind the trees.

2. *Write a correct text about Longleat Safari Park.*

KV 62

Name: _____   Datum: _____

A day at Longleat Safari Park

1. *Tick ✓ what attraction you want to see at the Longleat Safari Park.*

☐ Penguin Island   ☐ African Village

☐ Adventure Castle

☐ Rollercoaster   ☐ Gorilla Colony

2. *Act out the dialogue with a partner.*

Role Card A

You are sitting in the bus on your way to Longleat Safari Park.
Your friend is going with you. You can only stay in the park for two hours. Agree upon which two animals and which attraction you want to see. Use the sentences on your card to talk with your partner.

- *Hi/ Hello.*
- *How are you? / How are you doing today?*
- *I'm fine/ok/doing well.*
- *We can only stay two hours today.*
- *OK. Which animal would you like to see the most?*
- *I'd like to see the …*
- *First let's go to see the … and then the …*
- *Then we still have time for one attraction!*
- *Yes, that would be fun/great/scary.*
- *We are here. Let's go!*

Role Card B

You are sitting in the bus on your way to Longleat Safari Park.
Your friend is going with you. You can only stay in the park for two hours. Agree upon which two animals and which attraction you want to see. Use the sentences on your card to talk with your partner.

- *Hi/Hello.*
- *I'm fine/OK/doing well.*
- *How are you?*
- *Let's make plans what we will do in the park.*
- *I'd like to see …*
- *And you? Which animal do you want to see?*
- *Good idea!*
- *Let's go to the …*
- *Yeah, I'm looking forward to it!*

KV 63

Name: _____   Datum: _____

Task:

1. *What is your favourite animal or pet?*

2. *Make a profile about it. Get information from books, the Internet or your classmates.*

3. *Put it on the wall.*

My favourite animal: Elephant

Colour: grey

Place of birth: Asia

Weight: 12,000 lbs.

Size: 4 metres high

Likes to eat: grass and fruit

Animal facts: Elephants have the largest brains in the animal kingdom

9 My home town

Lehrerhinweise

Aufgabenschwerpunkt:
- den eigenen Wohnort beschreiben
- eine App für den Wohnort schreiben

Einsatzort:
6. Schuljahr

Kommunikative Kompetenzen:
Die Schülerinnen und Schüler können …

Hör-und Hör-Sehverstehen
- Wohnortbeschreibungen verstehen.

Leseverstehen
- den Wortschatz zum Thema *my neighbourhood* bzw. *my home town* verstehen.
- einem Lesetext über *Sophia's home town* Detailinformationen entnehmen.

Sprechen
- beschreiben, was sich in ihrer Nachbarschaft befindet.
- über Entfernungen von Örtlichkeiten und Gebäuden sprechen.
- sich zu ihren Lieblingsorten befragen und diese vorstellen.

Schreiben
- ihre bevorzugten Aufenthaltsorte beschreiben.
- ihren Wohnort beschreiben.

Zeitlicher Umfang:
2–3 Unterrichtsstunden

Didaktisch-methodischer Kommentar:
Im Mittelpunkt dieser Aufgaben steht der jeweilige Wohnort der Schüler.

Zur Reaktivierung von bekanntem Wortschatz tragen die Schüler alle Wörter, die ihnen zu dem Stichwort *my home town* einfallen, in eine Mindmap ein (**KV 66**). Die anschließende Partner- oder Gruppenarbeit bietet ihnen die Möglichkeit, weiteren Wortschatz zu ergänzen.

Bei der **KV 67** haken die Schüler zunächst ab, was sich in ihrer Nachbarschaft befindet. Anschließend zeichnen sie eine Karte ihrer näheren Umgebung und präsentieren diese einem Partner.

Auf der **KV 68** notieren die Schüler, wie weit bestimmte Orte oder Gebäude von ihrer Schule entfernt sind und zeichnen dazu eine Karte. Dabei dürfen die Schüler Schätzwerte eintragen. Anschließend sprechen die Schüler in einer Gruppe über die Entfernungen. Frage- und Antwortstrukturen sind vorgegeben.

Die Schüler erstellen eine Liste ihrer Lieblingsorte, an denen sie sich gern aufhalten (**KV 69**) und schreiben dazu einen kurzen Text. Anschließend befragen sich die Schüler gegenseitig und präsentieren eine Antwort im Plenum.

Der Text in der **KV 70** dient dem Leseverstehen in Form einer Mediationsübung und der Vorbereitung auf die **KV 71**, in der die Schüler ihren eigenen Wohnort näher beschreiben sollen. Die Aufgabe in **KV 71** ist in verschiedene Rubriken unterteilt, die dann auch in der *task* verwendet werden können.

Bei der *task* (**KV 72**) gestalten und schreiben die Schüler in Gruppenarbeit eine App über ihren Wohnort. Dabei geht es allerdings nicht um eine echte Computersoftware, sondern lediglich um die Gestaltung einer softwareähnlichen App auf Papier. Die Schüler zeichnen Buttons und beschriften sie mit Rubriken ihrer Wahl. Den verschiedenen Buttons werden jeweils detailliertere Informationen zu den einzelnen Themenbereichen zugeordnet. Anschließend werden die Apps in der Klasse präsentiert.

Beim Selbsteinschätzungsbogen (**KV 73**) setzen sich die Schüler mit ihrem eigenen Lernzuwachs auseinander.

Wortschatz: neighbourhood, chemist shop, drugstore, petrol station, dentist, distance, sleepover, entertainment

Name: _____ Datum: _____

Mind map "my home town"

1. *Write down all the words that have something to do with "my home town".*

2. *You can make extra mind maps with the words "neighbourhood", "school" or "favourite places".*

3. *Compare your mind map with a partner or a group.
   You can write more words if you want to.*

MY HOME TOWN

Name: _____ Datum: _____

My neighbourhood

1. *Tick ✓ what's in your neighbourhood.*

supermarket	mobile phone shop	park	café
baker's shop	skateboard ring	trees	church
newsagent	ice cream shop	school	cinema
post office	bike shop	streets	restaurant
bus stop	car park	houses	petrol station
hospital	garage	playground	skateboard park
hairdresser's	doctors	kindergarten	fitness centre
computer shop	bank	chemist shop	dentist
swimming pool		football ground	

2. *What other things are in your neighbourhood? Write them down.*

   _____

3. *Draw a map of your neigbourhood with streets, places and buildings.*

4. *Present your map to a partner.*

   In my neighbourhood there is/are …

KV 67

76

Name: _____   Datum: _____

Distances from school

1. *How far is your home away from school? How far are other places or buildings?*

my school – my home: _____ km	my school – _____ : _____ km
my school – supermarket: _____ km	my school – _____ : _____ km
my school – _____ : _____ km	my school – _____ : _____ km
my school – _____ : _____ km	my school – _____ : _____ km

2. *Draw the places and buildings in the map. Draw lines from the school to the places or buildings and write the kilometres on the lines.*

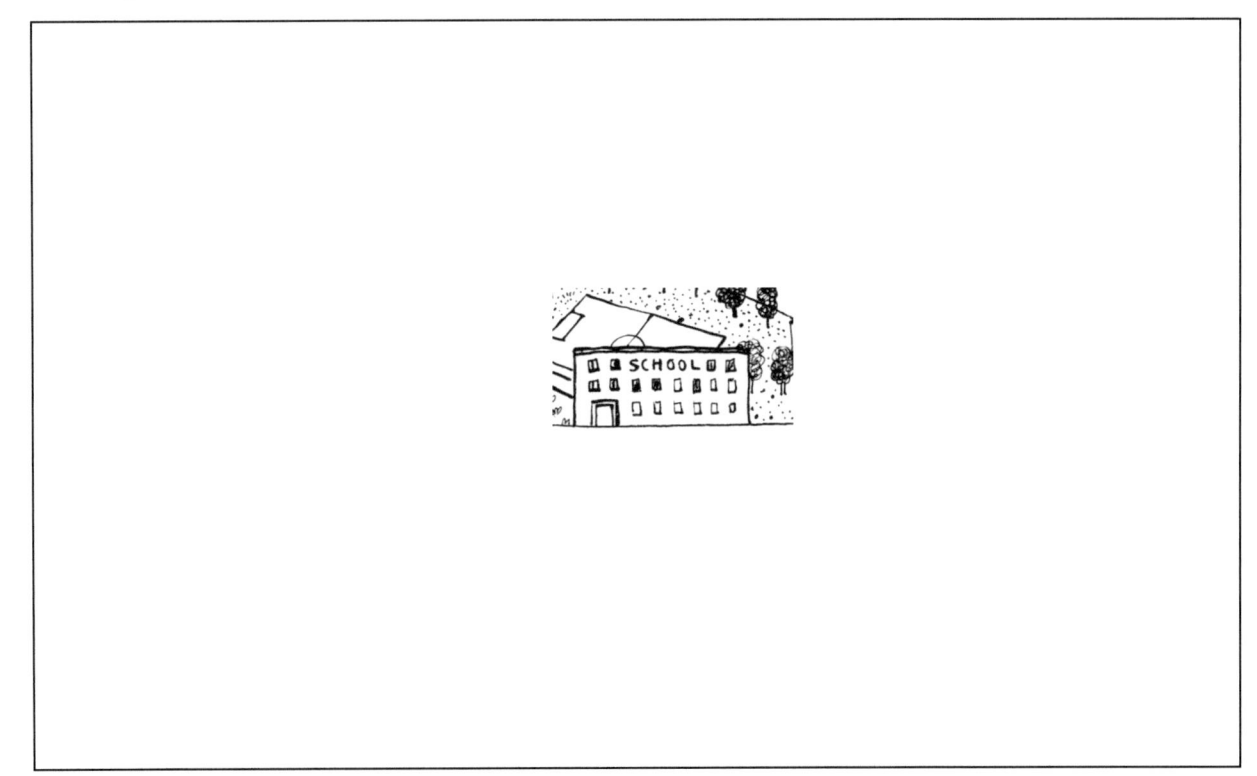

3. *Talk about the distances in a group.*

- How far is your home away from school?
- 2 kilometres.
- How far is your supermarket? …

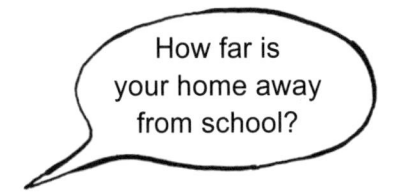

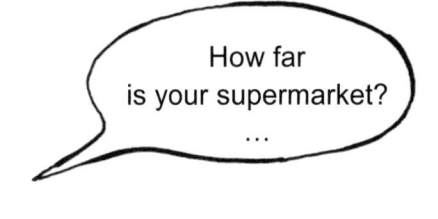

KV 68

77

Name: _____ Datum: _____

My favourite places

1. *What are your favourite places in your hometown? Make a list.*

   My favourite places
   - ★ _____
   - ★ _____
   - ★ _____
   - ★ _____
   - ★ _____

2. *Write a short text about your favourite places.*

   _____
   _____
   _____
   _____
   _____

   > I like the bowling centre because I like disco bowling. I also love to stay at my best friend's house and have a sleepover there …

3. *Interview a classmate about his favourite places and take notes.*

   _____
   _____
   _____

* **Extra:** *Interview more classmates.*

4. *Present his/her answer in class.*

   > Jaspers favourite places are … He likes the football ground the most because …

KV 69

Name: _____ Datum: _____

Sophia's home town

1. *Read the text.*

> Hi. My name is Sophia and I live in a little town north of London. My school is not far away from where I live. My favourite place is Green Park where I can run around and play with Snoopy, our dog. I also like to play basketball in a sports centre next to our school. In the sports centre you can also play squash and badminton. There's a swimming pool, too.
> My best friend is Olivia who lives in High Street in the town centre. From her place it's only a minutes' walk to the main shopping centre and all the other shops you can find around there. You can buy almost everything here: Clothes, computers, TV sets, mobiles, records, books and food.
> Once a month I go to the hairdresser's because I don't like it when my hair becomes too long. The hairdressers in the town centre are too expensive, so I go to a hairdresser's in my neighbourhood which takes me about five minutes to get there.
> Between 6 and 7 pm I always watch my favourite TV programmes. I like soap operas and films about animals.

2. *Answer the questions in German.*

Welches sind Sophias Lieblingsorte? _____

Wie weit entfernt ist ihr Frisör? _____

Wo wohnt ihre beste Freundin? _____

Was für Einkaufsmöglichkeiten gibt es? _____

_____

Welche Freizeitmöglichkeiten gibt es? _____

_____

Was macht Sophia am liebsten? _____

_____

3. *Compare your answers with a partner.*

KV 70

Name: _____   Datum: _____

My home town

1. *Describe your home town.*

Shopping:	Sports:	Free time:
Entertainment:	Parks:	Cinemas:
Chemist shops/drugstores:	Doctors:	Youth centre:
Cafés/Restaurants:	Discos:	_____:

2. *Compare with a partner and complete your grid.*

Name: _____ Datum: _____

Task: My home town app

1. 👥 *Get together in a group and make an app about your home town for smartphones. You can draw buttons and write short texts.*

2. 👥 *Present your app to your class.*

KV 72

81

10 Casting shows

Lehrerhinweise

Aufgabenschwerpunkt:
- eine *casting show* vorbereiten
- einen Beitrag zu einer *casting show* leisten

Einsatzort:
6. Schuljahr

Kommunikative Kompetenzen:
Die Schülerinnen und Schüler können …

Sprechen
- über *casting shows* sprechen.
- *casting shows* beschreiben.
- eine *casting show* moderieren.
- einen Rap- oder Songtext, Quizfragen und Antworten, einen Comedytext oder einen Moderationstext für eine *fashion*, *sports* oder *dance show* vortragen.

Schreiben
- einen kurzen Text über eine *casting show* schreiben.
- über ihre Talente schreiben.
- einen Moderationstext für eine *casting show* schreiben.
- einen Rap- oder Songtext, Quizfragen und Antworten, einen Comedytext oder einen Moderationstext für eine *fashion*, *sports* oder *dance show* schreiben.

Zeitlicher Umfang:
2–3 oder bei intensiver Bearbeitung 3–5 Unterrichtsstunden

Didaktisch-methodischer Kommentar:
Im Mittelpunkt dieser Aufgaben stehen *casting shows*. Dieses Fernsehformat ist auch bei jüngeren Schülern sehr beliebt und findet sowohl bei Jungen als auch Mädchen großes Interesse, zumal auch die Teilnehmer von *casting shows* immer jünger werden.

Zur Reaktivierung von bekanntem Wortschatz tragen die Schüler alle Wörter, die ihnen zu dem Stichwort *casting shows* einfallen, in eine Mindmap ein (**KV 74**). Die anschließende Partner- oder Gruppenarbeit bietet ihnen die Möglichkeit, weiteren Wortschatz zu ergänzen.

Als Einstieg in das Thema befragen sich die Schüler in der **KV 75**, welche *casting shows* sie kennen und ordnen diese verschiedenen Showformaten zu. Anschließend beschreiben sie eine ihnen bekannte Show und schreiben dazu einen kurzen Text, den sie der Klasse vorlesen.

In der **KV 76** sollen die Schüler über ihre eigenen Talente schreiben. Zu diesem Zweck befragen sie sich zuvor in Gruppen, ob sie an *casting shows* teilnehmen möchten und warum. Danach gehen sie als Talentsucher im Klassenraum umher und notieren die Namen ihrer Mitschüler, die in bestimmten Aktivitäten gut sind bzw. diese gern ausüben. Nachdem sie einen kurzen Text über ihre Talente geschrieben haben, lesen sie diesen einer Gruppe vor.

Die **KV 77–79** können den Schülern zur Auswahl angeboten werden.

Bei der **KV 77** wählen die Schüler zwischen zwei Themen: *Comedy* oder *quiz*. Die Schüler arbeiten möglichst in Kleingruppen von 3–4 Schülern. In der Gruppe A überlegen sie sich zunächst witzige Situationen und greifen dabei auf ihren eigenen Erfahrungsschatz zurück. Jeder hat schon witzige Situationen selbst erlebt oder aber im Fernsehen oder Internet gesehen. Außerdem können sie sich auch witzige Situationen ausdenken. Die Fragen dienen als Unterstützung bei der Formulierung eines Textes. Die Gruppe B erstellt Quizfragen und Antworten. Neben der Auswahl von Themengebieten müssen sich die Schüler auch überlegen, welches Format die Quizshow haben soll. Das Fernsehen liefert hierfür genügend Beispiele. Die Shows werden anschließend eingeübt und der Klasse präsentiert.

Die **KV 78** funktioniert nach ähnlichem Muster wie die **KV 77**. Die hier zur Wahl stehenden Themen sind *music* und *fashion*. Gruppe A schreibt einen Rap oder einen Song. Als Hilfe oder auch Vorlage können schon existierende Raps oder Songs verwendet werden. Die eigenen Texte könnten dann als Karaoke-Version präsentiert werden. Die Gruppe B entwickelt eine *fashion show*. Die Schüler finden ein Motto für ihre Show und geben ihr einen Namen. Sie suchen entsprechende Kleidung und evtl. dazu passende Musik. Zur Präsentation der Modelle schreiben die Schüler einen kurzen Text, den ein Schüler als Moderator spricht. Die Shows werden eingeübt und der Klasse präsentiert.

Damit alle Schüler ein Thema wählen können, das ihren Talenten und Fähigkeiten entspricht, gibt es auf der **KV 79** zwei weitere Themengebiete zur Auswahl: *Dancing* und *sports*. Die Gruppe A überlegt sich einen oder mehrere Tänze, die sie präsentieren möchte. Die Gruppe B überlegt sich entsprechend eine oder mehrere Sportarten. In beiden Fällen soll ein kurzer Ankündigungstext geschrieben werden. Die Shows werden ebenfalls eingeübt und der Klasse präsentiert.

Auf der **KV 80** werden die zuvor erarbeiteten Einzelshows zusammengeführt und die folgende *task* unmittelbar vorbereitet. Die Schüler sammeln zunächst alle Programmteile, die für eine Show vorliegen (siehe KV 77–79). Auf dieser Grundlage stellen sie ein Programm zusammen und schreiben einen allgemeinen Moderationstext für ihre Show. Die Sprechblasen dienen als Hilfe.

In der *task* (**KV 81**) erstellen die Schüler ein Programmposter und stellen es der Klasse vor. Wenn genügend Unterrichtszeit vorhanden ist, kann zum Abschluss eine komplette *casting show* eingeübt und z. B. auf einem Elternabend aufgeführt werden.

Beim Selbsteinschätzungsbogen (**KV 82**) setzen sich die Schüler mit ihrem eigenen Lernzuwachs auseinander.

Wortschatz: fashion, battle show, prepare, perform, vote, contestant

Strukturen:
Good evening, ladies and gentlemen. My name is …
Hello everybody and I'm …
Tonight we present you our … show
In our show we have different acts: …
You can vote for the best act.
And the winner is …

Name: _____ Datum: _____

Mind map "casting shows"

1. *Write down all the words that have something to do with „casting shows".*

2. *You can make extra mind maps with the words "music", "fashion" or "sports".*

3. *Compare your mind map with a partner or a group.
   You can write more words if you want to.*

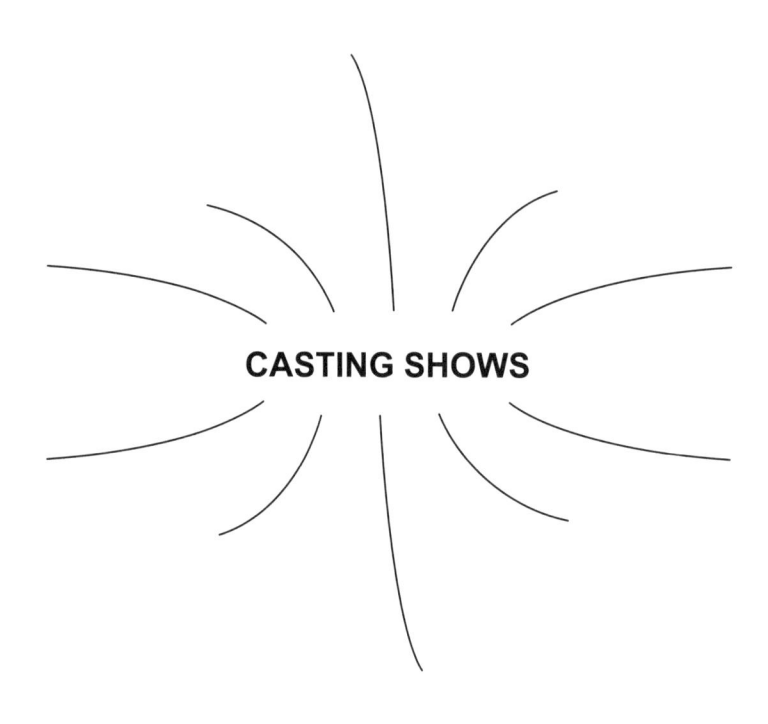

CASTING SHOWS

Name: _____ Datum: _____

Casting shows

1. 👥 *Get together in a group. What casting shows do you know? What kind of show is it? Write them down.*

   music: _____

   fashion: _____

   comedy: _____

   dancing: _____

   sports: _____

   quiz: _____

   battle show: _____

2. 👥 *Agree on one show and talk about it.*

   - The show is about …
   - I like the show because …
   - In the jury there are …
   - The winner gets …

3. 👥 *Write a short text about the show.*

   _____
   _____
   _____
   _____
   _____
   _____
   _____

4. 👥 *Present your text to your class.*

KV 75

Name: _____ Datum: _____

Our own talents

1. *Get together in a group and talk to your partners:*

> Would you like to take part in a casting show? Why?

> Yes, I would because I like singing / dancing ...)

2. *Find someone in your class who is good at something and write down his/her name. Find someone who …*

★ likes to dance: _____

★ likes to sing: _____

★ is good at quizzes: _____

★ is good at sports: _____

★ likes fashion: _____

★ is funny and likes comedy: _____

3. *Write about your own talents.*

_____

_____

_____

_____

4. *Read your text out to your classmates in a group.*

KV 76

Name: _____ Datum: _____

Comedy and quiz

1. *Choose one of the topics – comedy or quiz – and get together in a group.*

Group A: Comedy

2. *Write a text for a comedy act.*

Think of a funny situation.
– What persons, animals or things are in it?
– Where and when does it take place?
– What happens?
– How are the people acting?
– How are they speaking?
– Is there something surprising or stupid?

Group B: Quiz

2. *Write questions and answers for a quiz.*

Choose topics for the quiz.
(for example: sports, music, history, geography, TV shows, etc.)

3. *Practise your comedy act or quiz.*

4. *Present it in class.*

Name: _____ Datum: _____

Music and fashion

1. *Choose one of the topics – music or fashion – and get together in a group.*

Group A: Music

2. *Write a rap or a song text.*

   – Think of a topic.

   – Make a list of words that have something to do with the topic (for example: school → teacher, classmates, classroom, break, subjects, etc.)

   – Find rhyming words (for example: school – cool, break – steak)

   – Write as many lines as you can.

Group B: Fashion

2. *Think of the clothes you want to present.*

   – Think of a motto for your show.

   – Make a list of the clothes you would like to wear. (for example: skirt, dress, jeans, trousers, high heels, etc.)

   – Choose music you would like to play.

   – Practise how to walk.

   – Write a short text to present your fashion show.

3. *Practise your song text / rap or fashion show.*

4. *Present it in class.*

KV 78

88

Name: _____ Datum: _____

Dancing and sports

1. *Choose one of the topics – dancing or sports – and get together in a group.*

Group A: Dancing

2. *Talk about a dance programme.*

   – What kind of dance do you want to dance (hip hop, zumba, fitness, salsa, etc.)?

   – To what music do you want to dance?

   – How do you want to dance?

   – Write a short text to present your dance show.

Group B: Sports

2. *What sport or sports do you want to present? Talk about it.*

   – Take notes of your ideas (for example: basketball, football, boxing, etc.)

   – What things do you need for your sport (football, racket, goal, etc.)?

   – Do you want to play music?

   – Write a short text to present your sports show.

3. *Practise your dance act or sport.*

4. *Present it in class.*

Making a casting show

1. Work in groups and find out which acts there are in your class. (see KV 77–79)

2. Work out a programme. Which act comes first and so on.

3. Write a presentation text for your show.

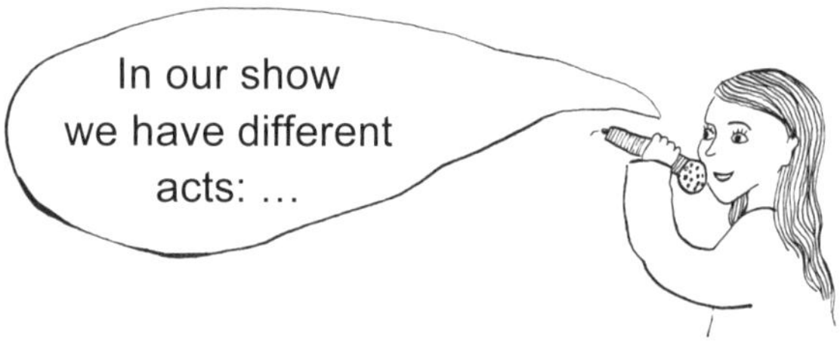

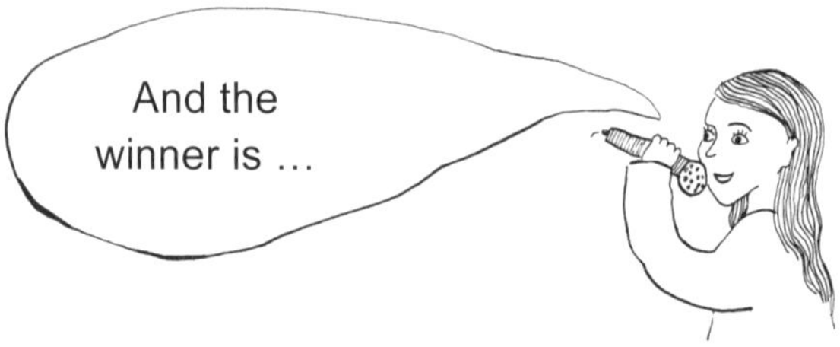

- Good evening, ladies and gentlemen. My name is …
- Hello everybody and I'm …
- Tonight we present you our … show
- In our show we have different acts: …
- You can vote for the best act.
- And the winner is …

Name: _____ Datum: _____

Task: Preparing and performing a casting show

1. *Get together in a group and prepare a casting show.*

2. *Make a poster with your programme of the show.*
   Example

   Programme

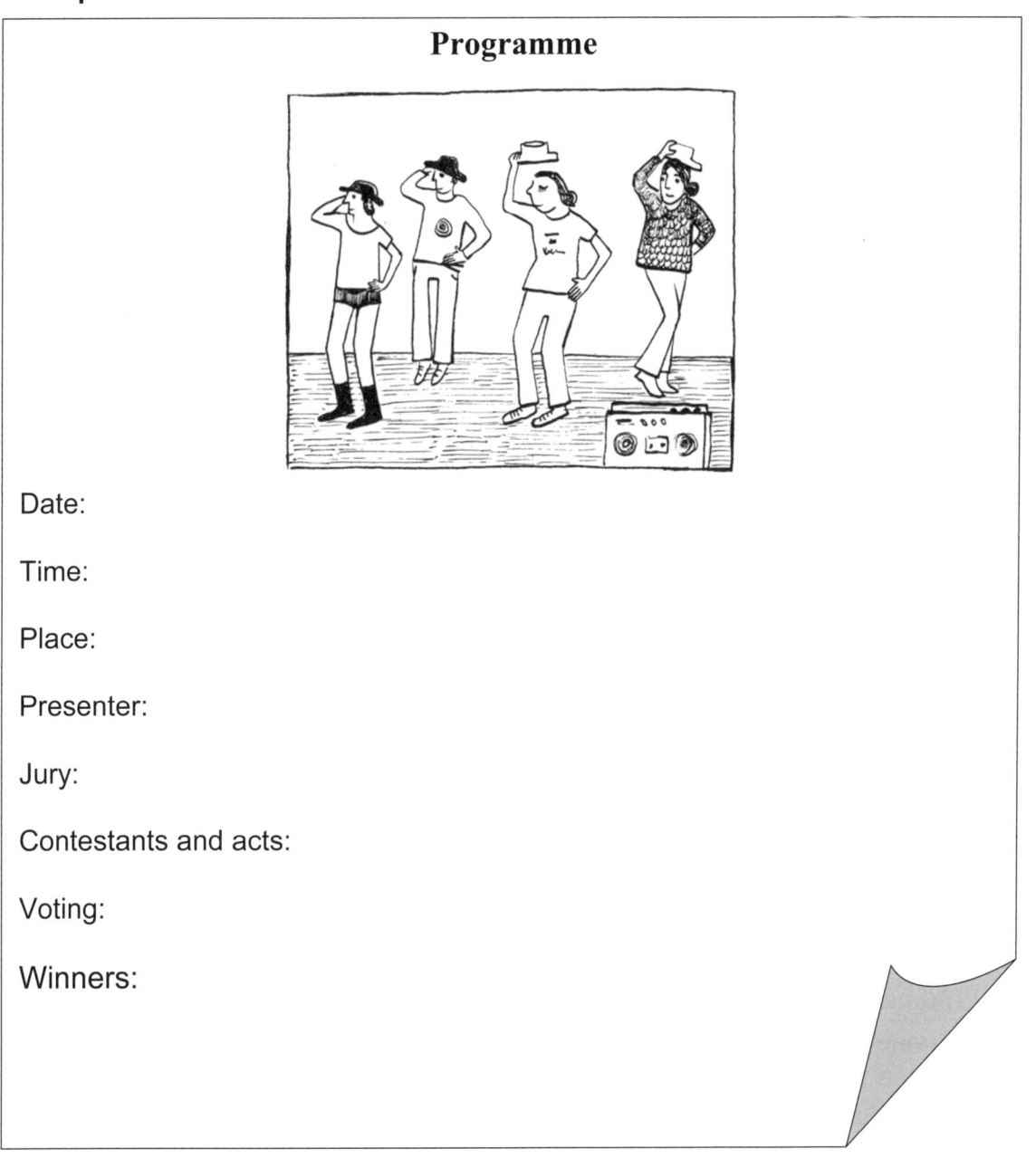

   Date:

   Time:

   Place:

   Presenter:

   Jury:

   Contestants and acts:

   Voting:

   Winners:

3. *Present your programme to your class. Decide in class which programme is the best.*

4. *Practise the show and perform it.*

Name: _____ Datum: _____

Evaluationsbogen für Lehrer

Name des Schülers / der Schülerin: _____ Klasse _____

Die Schülerin / der Schüler kann …

	gute bis sehr gute Kenntnisse (+ / ++)	befriedigende Kenntnisse (o)	hat noch Schwächen (- / - -)
eine Geburtstagsparty planen und darüber sprechen. (Thema 1)			
sich zur eigenen Familie mündlich und schriftlich äußern. (Thema 2)			
das eigene Zimmer beschreiben. (Thema 2)			
über Freizeitaktivitäten sprechen. (Thema 3)			
einen Text über eigene Freizeitaktivitäten schreiben. (Thema 3)			
die eigene (Traum-)Schule beschreiben. (Thema 4)			
über Lieblingsfächer sprechen. (Thema 4)			
über Urlaubspläne sprechen. (Thema 5)			
eine Textnachricht zu eigenen Urlaubserlebnissen schreiben. (Thema 5)			
Textnachrichten über Urlaubserlebnisse lesend verstehen. (Thema 5)			
einen englischen Tag an der eigenen Schule planen. (Thema 6)			
sich zu eigenen Aktivitäten und Interessen äußern. (Thema 7)			
ein Tier beschreiben und Tierbeschreibungen verstehen. (Thema 8)			
den eigenen Wohnort beschreiben. (Thema 9)			
eine Castingshow vorbereiten und präsentieren. (Thema 10)			

Language support

1. All about your birthday

present = Geschenk
cake = Kuchen
horse ranch = Pferdehof
perfume = Parfüm
mobile phone = Handy
computer game = Computerspiel
wish = Wunsch
invitation = Einladung
tent = Zelt
candle = Kerze
cookies = Kekse
flower = Blume
toys = Spielzeuge
barbecue = Grillen
sleepover = Übernachtung
take place = stattfinden
invite = einladen
fancy dress = schickes Kleid

2. My home

room = Raum/Zimmer
stepmother = Stiefmutter
uncle = Onkel
aunt = Tante
cousin = Kusine
family tree = Familienstammbaum

3. Free time activities

riding a horse = ein Pferd reiten
playing football = Fußball spielen
chilling (out) = abhängen, entspannen
playing computer games = Computerspiele spielen
playing basketball = Basketball spielen
listening to music = Musik hören
meeting my friends = Freunde treffen
playing the drums = Schlagzeug spielen
going shopping = shoppen gehen
profile = Steckbrief
activity = Aktivität

4. My school

turn right/left = biege rechts/links ab
go across = überquere
go down = gehe hinunter
maths = Mathe
geography = Geographie
French = Französisch
German = Deutsch
English = Englisch
art = Kunst
science = Naturwissenschaften
biology = Biologie
technology = Technik
PE = Sport
RE = Religion
Drama = Theater
lunch break = Mittagspause
morning break = Große Pause
break activities = Pausenaktivitäten
teachers' lounge = Lehrerzimmer
engineering room = Technikraum
science lab = Physikraum
sports hall = Sporthalle
art room = Kunstraum
schoolyard = Pausenhof
club = Arbeitsgemeinschaft

5. My best holiday trip

horse ranch = Pferdehof
city trip = Städtetrip
beach = Strand
adventure park = Abenteuerpark
camping = Zelten
snowboarding = Snowboard fahren
ferry trip = Bootstour
visit sights = Sehenswürdigkeiten besuchen
driving quads = Quad fahren
swimsuit = Badeanzug
towel = Handtuch
umbrella = Sonnenschirm
tent = Zelt
riding helmet = Reithelm
suncream = Sonnencreme
fishing rod = Angel
map = Karte
suitcase = Koffer
climbing = Klettern

6. Money Money Money

flea market = Flohmarkt
chewing gum = Kaugummi
fix a price = einen Preis festlegen
sponsored run/walk = Sponsorenlauf/-gang
entrance fee = Eintrittspreis
adult = Erwachsener

7. My ways of living

chips = Pommes frites
crisps = Chips
veggie burger = Gemüseburger
unhealthy = ungesund
habits = Gewohnheiten
wrestling = Ringen, Ringkampf
professional wrestler = Profiringkämpfer
tease somebody = jemanden ärgern
shut up! = sei still!

8. Animals and pets

chase = jagen
bone = Knochen
snake = Schlange
snail = Schnecke
meerkat = Erdmännchen
lodge = Hütte
cheetah = Gepard
lemur = Lemur (Affenart)
mammals = Säugetiere
fortunately = glücklicherweise
rollercoaster = Achterbahn
Adventure Castle = Abenteuerschloss
Penguin Island = Pinguininsel
Gorilla Colony = Gorillakolonie
brain = Gehirn

9. My home town

neighbourhood = Nachbarschaft
chemist shop = Apotheke
drugstore = Drogerie
petrol station = Tankstelle
dentist = Zahnarzt
distance = Entfernung
sleepover = Übernachtung
entertainment = Unterhaltung

10. Casting shows

fashion = Mode
battle show = Spielshow
prepare = vorbereiten
perform = aufführen
vote = abstimmen
contestant = Kandidat

Englisch lernen: motiviert und spielerisch

Lena Schuett/Katharina Verriere
Fizz Buzz – Lernspiele für Englisch Klassen 5–10
96 Seiten, geheftet
ISBN 978-3-589-15695-5

Englischlernen ganz spielerisch: Entdecken Sie 55 Möglichkeiten zur Auflockerung Ihres Unterrichts! Alle Spielvorschläge sind prägnant beschrieben und schnell einsetzbar.

Peter Hohweiler
99 Tipps: Für Englisch
144 Seiten, kartoniert
ISBN 978-3-589-23262-8

Aus der Praxis für die Praxis: Wie sich schon mit einfachen Mitteln ein spannender Unterricht gestalten lässt. Die Themen reichen von Wortschatzarbeit, Lexik oder Grammatik bis zu Textarbeit und Differenzierung.

Peter Hohweiler
99 Tipps: Korrekturen in sprachlichen Fächern
144 Seiten, kartoniert
ISBN 978-3-589-16218-5

Effektiv und zeitsparend Leistungstests korrigieren – diese Expertentipps unterstützen Sie dabei u.a. mit besonderen Aufgabenformaten.

Die aktuellen Preise und weitere Informationen finden Sie online unter: www.cornelsen.de

Willkommen in der Welt des Lernens

Cornelsen